Ingo Krampen

Recht-schaffend werden

Ingo Krampen

Recht-schaffend werden

Aufbruch zu einer Rechtskultur der Verantwortung und des Vertrauens

INFO3 VERLAG

Ingo Krampen
Recht-schaffend werden

ISBN 978-3-95779-199-3

Erste Auflage 2024

Lektorat: Ramon Brüll
Korrektorat: Katharina de Roos, Bonn
Umschlag: Frank Schubert, Frankfurt am Main
Aufnahme des Autors: Rainer Erhard, Küsten, 2015
Satz: Ulrich Schmid, de·te·pe, Aalen
Druck und Bindung: Jalgavas Tipogrāfia, Jelgava, Lettland

Inhalt

1.

Einleitung: Die nichtbezahlte Rechnung oder: Walter Tischbeins Lehre

Schreib ihm, dass Du damit leben könntest, wenn er Deine Rechnung nicht bezahlt. Wenn er auch damit leben könne, dann sei das in Ordnung…

Ich hatte meinen damaligen Seniorkollegen Wilhelm Ernst Barkhoff gefragt, was ich mit einem Mandanten – er sei hier Walter Tischbein genannt – machen solle, der meine Kostenrechnung nicht bezahlen wollte. Das muss ungefähr im Jahr 1980 gewesen sein. Ich hatte für diesen Mandanten einen komplizierten Prozess geführt, bei dem ich mir wirklich viel Mühe gegeben hatte und der unglaublich aufwendig gewesen war: Berge von Akten hatten sich auf meinem Schreibtisch getürmt. Wir hatten den Prozess verloren. So ist das im Anwaltsberuf nun mal: Man gewinnt Prozesse und man verliert auch mal – nicht jeden Prozess kann man gewinnen, auch wenn man sich noch so viel Mühe gibt. Wie das alte Sprichwort sagt: Vor Gericht und auf hoher See ist man in Gottes Hand.

Und nun wollte Walter Tischbein die Rechnung nicht bezahlen! Er hätte ja verloren, und das sei meine Schuld. Dafür hätte ich kein Geld verdient! Ich war empört und wütend, als ich Barkhoff fragte, und seine Antwort war für mich alles andere als befriedigend. Aber dann begann ich darüber nachzudenken und bemerkte, dass ich die Formulierung doch gar nicht so schlecht fand: Der Mandant würde sich schlecht fühlen und vermutlich moralisch in der Pflicht, doch zu zahlen. Also schrieb ich ihm den Brief.

Es kam anders: Walter Tischbein fühlte sich offensichtlich nicht schlecht und auch nicht moralisch in der Pflicht. Er konnte gut damit leben, nicht zu bezahlen. Aber das Erstaunliche war: Nachdem ich den Brief wie vorgeschlagen an ihn geschrieben hatte, konnte auch ich gut damit leben, dass er nicht zahlte.

Es wäre damals absolut kein Problem gewesen, mein Honorar gerichtlich geltend zu machen. § 611 Absatz 1 des Bürgerlichen Gesetzbuchs (BGB) lautet: *Durch den Dienstvertrag wird derjenige, welcher Dienste zusagt, zur Leistung der versprochenen Dienste, der andere Teil zur Gewährung der vereinbarten Vergütung verpflichtet.* Anwälte versprechen als Dienst die Führung eines Prozesses; sie werden für ihre Bemühung bezahlt, nicht für den Erfolg. Und bemüht hatte ich mich mehr als redlich.

So ist das Schuldrecht aufgebaut: Eine:r hat einen Anspruch, der oder die andere die Schuld, diesen Anspruch zu erfüllen. Bei gegenseitigen Verträgen wie z. B. dem Dienstvertrag haben beide Partner:innen wechselseitig je einen Anspruch und eine Schuld. Und wenn eine der beiden Seiten ihre Schuld nicht erfüllt, kann die andere die Leistung einklagen und notfalls auch vollstrecken. Es wäre also normal und problemlos gewesen, die Honorarforderung gerichtlich geltend zu machen. Genau das also tat ich damals nicht.

Inzwischen sind vierzig Jahre vergangen. Vierzig Anwaltsjahre mit Erfolgen und Misserfolgen. Meine Mandant:innen zahlten ausnahmslos gern oder zumindest pflichtgemäß die Rechnungen. Und wenn eine:r die Rechnung zu hoch fand im Verhältnis zur Anwaltsleistung, wie er oder sie sie bewertete, dann einigten wir uns sehr schnell auf einen Betrag, der beiden Seiten gerecht wurde. Ich war nie darauf angewiesen, die Begleichung meiner Rechnungen gerichtlich durchzusetzen. Das hatte ich der Lehre von 1980 zu verdanken, die mir Walter Tischbein (ungewollt) und Wilhelm Ernst Barkhoff (gewollt) hatten angedeihen lassen.

Was war passiert? Ich hatte auf einen Anspruch verzichtet und dem Mandanten die Zahlung freigestellt, also an seine Verantwortung appelliert. Ich hatte darauf vertraut, dass er das Richtige tun würde. Und nachdem er nicht zahlte, konnte ich dies einfach als das Richtige akzeptieren.

Gilt das – so fragte ich mich viel später – nicht auch allgemein? Ist es vielleicht heute oder in naher Zukunft im Rechtsleben generell zeitgemäß, auf Ansprüche zu verzichten und stattdessen auf Vertrauen zu bauen? Umgekehrt müsste ich dann, um das Vertrauen der Vertragspartner:innen nicht zu enttäuschen, aus eigener Verantwortung den Bedarf anderer erfüllen, ohne dass mich eine übernommene Schuld dazu zwingt?

Vom Schuldrecht zum Verantwortungsrecht! Ist das Utopie? Ein unerfüllbarer Traum? Oder eine notwendige oder zumindest sinnvolle Entwicklung? Und wird ein solcher Traum von der Zukunft vielleicht einfach dadurch realistisch, dass wir ihn erfüllen wollen?

2.

Mein Traum vom Recht der Zukunft

Wir schreiben das Jahr 2024 nach Christus. Zwei Jahren lang grassierte auf der ganzen Welt die Corona-Pandemie, deren Bekämpfung Familien, Freundeskreise, Einrichtungen und Unternehmen gespalten hat in Befürworter und Leugner. Naturkatastrophen häufen sich: Überflutungen und Dürreperioden, Vulkanausbrüche und Tsunamis, Artensterben und Hungersnöte. Ein beängstigender Klimawandel ist im Gange, den wir selbst geschaffen haben, aber offensichtlich nicht beherrschen können oder wollen, sondern als Aufgabe unseren Enkeln hinterlassen. Und als ob das nicht schon genug Unheil wäre, wütet nun auch noch ein Krieg mitten in Europa, der Ost und West dazu bringt, gegenseitig aufzurüsten und immer heftigere Drohkulissen zu errichten. Dazu Terror und Krieg im Nahen Osten mit erbittertem Hass auf beiden Seiten. Und in dieser Zeitsituation soll es einen Sinn machen, von einem Recht der Zukunft zu träumen?

Von dem wunderbaren Kinderbuchautor Michael Ende können wir lernen, was Träumen eigentlich ist. In seinem *Gauklermärchen* unterscheidet Michael Ende zwischen einem „Heuteland" und einem „Morgenland". Im „Heuteland" sind wir, wie wir geworden sind. Im „Morgenland" träumen wir von dem, was auf uns zukommt. Das „Morgenland" lebt nicht in unserem Tagesbewusstsein, im Denken, sondern es lebt im Schlaf, im Willen, auch in Träumen und in Gefühlen oder – mit Michael Endes Worten – „in der Phantasie":

„Was du nicht kennst, das meinst du, soll nicht gelten? Du meinst, dass Phantasie nicht wirklich sei? Aus ihr allein erwachsen zukünftige Welten; in dem, was wir erschaffen, sind wir frei."[1]

Was wäre denn dann das Recht eines „Morgenlandes"? Dazu ein Beispiel aus meiner Anwaltspraxis im Jahr 1999. Natürlich aus dem Familienrecht, weil das auch heute schon eine Mischung von Schuldrecht und Verantwortungsrecht ist. Aber dazu später.

Es ging um ein Scheidungsverfahren. Der Mandant erwies sich als recht kompliziert, weil er am liebsten alle Regelungen selbst ausarbeiten und mir „nur noch zur Durchsicht" vorlegen wollte. Das macht – wie alle Jurist:innen wissen – entschieden mehr Arbeit, als wenn man die Regelungen selbst zu entwerfen hat. Irgendwie gelang es aber dann doch, alle Fragen einverständlich zu regeln, so dass schließlich bei Einreichung des Scheidungsantrags alles geklärt war, bis auf die Frage des Sorgerechts: Hier wollte der Mandant gerne das gemeinsame Sorgerecht, während die Ehefrau das alleinige Sorgerecht beanspruchte. Das

1 Michael Ende, *Das Gauklermärchen*, 1982, 7. Bild

Scheidungsverfahren lief bei einem auswärtigen Amtsgericht, weswegen wir das Verfahren über einen Korrespondenzanwalt führen mussten. Zum Sorgerecht hatte ich keinen Antrag gestellt, weil das gemeinsame Sorgerecht seit Juli 1998 Regelfall war und es somit keines ausdrücklichen Antrags bedurfte.

Einige Tage vor dem Scheidungstermin überraschte mich der Mandant telefonisch damit, dass er sich bei einer Fachanwältin für Familienrecht am Gerichtsort noch zusätzlich habe beraten lassen. Er sei nämlich mit dem von uns gewählten Korrespondenzanwalt überhaupt nicht zufrieden. Diese Fachanwältin habe ihn gefragt, ob wir überhaupt schon einen Antrag zum Sorgerecht gestellt hätten. Bei diesem Telefongespräch kam heraus, dass im vorliegenden Fall ein Beschluss des Amtsgerichts zum Sorgerecht aus der Zeit vor Juli 1998 vorlag, mit dem das Sorgerecht ohne Befristung allein auf die Ehefrau übertragen worden war. Dieser Beschluss war mir nicht bekannt, der Mandant hatte das Verfahren alleine geführt. Also eigentlich sein Problem! Aber natürlich hätte ich mich erkundigen können. Außerdem hätte mich die Tatsache stutzig machen können, dass die Gegenseite auch keinen Antrag auf Übertragung des alleinigen Sorgerechts auf sie gestellt hatte. Also fuhr ich mit relativ schlechtem Gewissen und Wiedergutmachungswillen zur mündlichen Verhandlung. Der Mandant hatte mich dringend gebeten, bei dieser Verhandlung neben dem Korrespondenzanwalt anwesend zu sein. Davon, den Korrespondenzanwalt noch kurzfristig durch die von ihm befragte Fachanwältin zu ersetzen, hatte ich ihm abgeraten.

Zunächst lief die mündliche Verhandlung außerordentlich schlecht: Die Richterin sah den Mandanten in der Pflicht, darzulegen, dass das gemeinsame Sorgerecht dem Kindeswohl zuträglicher sei als das alleinige Sorgerecht für die Kindesmutter. Der von mir am Vortag vorsorglich noch gestellte Antrag, ein gemeinsames Sorgerecht anzuordnen, sei als Abänderung des noch gültigen Beschlusses zum Sorgerecht anzusehen. Über diesen Änderungsantrag könne sie ohnehin am Termintage nicht entscheiden, sondern müsse das Verfahren zum Sorgerecht abtrennen.

Der von uns beauftragte Korrespondenzanwalt war mit seiner Verhandlungsführung leider nicht sehr hilfreich. Er versuchte nämlich, unseren Mandanten zu überreden, sich mit dem alleinigen Sorgerecht der Kindesmutter einverstanden zu erklären. In dieser Stimmung konnte die Gegenseite ausführlich und unwidersprochen vortragen, wie gut den Kindern bisher das alleinige Sorgerecht getan habe.

Als Zwischeninterpretation ist noch zu erwähnen, dass beiden Eltern nicht wirklich bewusst war, warum sie das alleinige bzw. das gemeinsame Sorgerecht unbedingt wollten. Beiderseits spielten Gefühle dabei wohl die entscheidende Rolle. Zwar kann unterstellt werden, dass beiden das Wohl der Kinder am Herzen lag, jedoch durchaus jeweils vermischt mit eigenem Wohlbefinden. Angesichts dieser Situation führten die Diskussionen in der mündlichen Verhandlung – wie auch schon die vorgerichtlichen Verhandlungen – letztlich zu nichts.

Es wurde dann beantragt, das Verfahren zum Sorge-

recht abzutrennen. Allen Beteiligten war bewusst, dass dies zur Folge haben würde, dass ein Sachverständigengutachten zum Sorgerecht würde eingeholt werden müssen. Solche Begutachtungen sind insbesondere für die betroffenen Kinder nicht selten eine Qual.

Sodann erörterte das Gericht den Versorgungsausgleich: Dabei ergab sich, dass die Ehefrau eine Rentenanwartschaft in Höhe von 50,00 DM monatlich an den Mandanten abzutreten hatte. Danach griff die Richterin zum Diktiergerät und wollte das Urteil diktieren.

An dieser Stelle machte ich einen letzten Verständigungsversuch: Ich fragte, ob nicht die Ehefrau sich mit einem gemeinsamen Sorgerecht einverstanden erklären könnte, für den Fall, dass der Mandant auf die Durchführung des Versorgungsausgleichs ihr gegenüber verzichten würde.

Dieser Vorschlag war heikel. War das nicht eine Art „Kauf" des Sorgerechts? Der Vorschlag war nicht vorher ausgedacht, also keine listige Prozessstrategie. Vielmehr handelte ich allein aus dem Gefühl, dass dieser Vorschlag für alle Beteiligten passen könnte.

Was passierte:

Die Richterin griff den Vorschlag sofort auf und meinte, eigentlich habe sie das auch vorschlagen wollen, es sei ihr nur zu heikel gewesen. Die Anwältin der Ehefrau nahm diese beiseite und erklärte ihr die Vorteile meines Vorschlages.

Beide Eltern mussten nun entscheiden, ob sie ihren jeweils prinzipiellen Standpunkt zugunsten einer zukunfts-

gerichteten Lösung aufgeben wollten. Beiden fiel das sehr schwer, weil sie ihre wirklichen Gefühle und Bedürfnisse offenbaren mussten statt nur die Rechtspositionen, die sie und wir Anwälte bisher vertreten hatten. Und sie misstrauten dem jeweils anderen Elternteil. Aber beiden wurden in diesem Moment auch erstmals zumindest partiell die Gefühle des jeweils anderen zur Frage des Sorgerechts wahrnehmbar, und dass auch der/die jeweils andere die Kinder liebte. Unerwartet entstand ein gemeinsamer „Traum" von der Zukunft, in dem allen Beteiligten deutlich wurde, dass bei einer Einigung im vorgeschlagenen Sinne vermieden wurde, dass weiter über die Kinder gestritten werden musste. Auf dieser Basis kam dann die vorgeschlagene Einigung zustande.

Was war geschehen? Im Grunde ist nur eine ganz naheliegende Übereinkunft getroffen worden. Die Besonderheit war nur, dass bei den zugrundeliegenden Sachverhalten im juristischen Sinne gar kein Vergleich im Rechtssinne möglich war. Punktuell wurde daher mit dieser Übereinkunft individuelles Recht neu geschaffen, und zwar ein Recht, dass ausschließlich für die betroffenen Parteien gültig und richtig war. Möglich wurde diese Rechtsschöpfung durch einen gemeinsamen Traum, durch einen Moment des Zusammenklangs der Gefühle: durch einen Blick ins „Morgenland"

Natürlich ist eine solche individuelle Familienangelegenheit etwas ganz anderes als ein Krieg zwischen Ost und West in Europa, zwischen Hamas und Israel oder als ein Krieg der Menschheit gegen die Natur, der einen nicht mehr zu beherrschenden Klimawandel zur Folge hat.

Und dennoch: Was wäre, wenn die Kriegführenden in aller Welt, im Großen wie im Kleinen, aufhören würden, gegenseitig Forderungen zu stellen und Schuld zuzuweisen? Wenn sie stattdessen gesprächsweise ihre jeweiligen „Träume“ von der Zukunft austauschen würden, ihre Gefühle offenbaren und im Vertrauen auf die dabei sichtbar werdenden Lösungen Verantwortung für das eigene Handeln übernehmen würden? Das wäre doch ein Weg ins „Morgenland“ des Rechts. Dass so etwas auch politisch möglich sein kann, hat Michael Gorbatschow mit seinem Traum vom „gemeinsamen Haus Europa“ gezeigt, mit der die sogenannte „Wende“ 1989 ermöglicht wurde. Leider haben Putin und die Nato diesen Traum inzwischen platzen lassen …

Aber bevor wir uns auf diesem Weg an das Verantwortungsrecht herantasten, lohnt sich ein Blick darauf, wie das mit dem Recht alles angefangen hat.

3.

Wie alles begann: Eine kurze Geschichte des Rechts

Wenn ein Baumeister einem Bürger ein Haus baut, aber seine Arbeit nicht auf solide Weise ausführt, so dass das Haus, das er gebaut hat, einstürzt und er den Tod des Eigentümers des Hauses herbeiführt, so wird dieser Baumeister getötet.

Wenn er den Tod eines Sohnes des Eigentümers des Hauses herbeiführt, so soll man einen Sohn des Baumeisters töten.

So lauten die §§ 229 und 230 *des Codex Hammurabi*, des ersten Schriftwerks, das in der Geschichte der Menschheit als Gesetzbuch betrachtet werden kann[2]. *Hammurabi* (1728–1686 v. Chr.) war als Priesterkönig von Babylon zugleich weltliche und göttliche Gewalt: Sein *Codex* war jedoch kein Gesetzbuch, das dem einzelnen Menschen Rechte verlieh; solche Rechte wurden nur Königen, Priestern und Eingeweihten zugestanden. Dem Sinne nach war der Codex eine genaue Ausgestaltung des vorchristlichen Prinzips der Vergel-

2 https://de.wikipedia.org/wiki/Talion

tung (Talion), heute noch bekannt als „Auge um Auge, Zahn um Zahn“. Oder eben: Sohn um Sohn. Die Individualitätsentwicklung war noch nicht bis ins seelische und physische Dasein des Menschen gedrungen; es setzten sich vielmehr Gruppen mit Gruppen auseinander. Und der Herrscher allein bestimmte, was Recht war. Anders ausgedrückt: Recht und Macht waren identisch.

Moses (ca. 1250 v. Chr.) gilt zwar mit den in der Bibel erwähnten Zehn Geboten auch als Gesetzgeber. Aber sein Dekalog war noch kein Recht im heutigen Sinne. Zwar wandten sich die Zehn Gebote an den einzelnen Menschen, aber nicht als äußere Gesetze, sondern als moralische Gebote (ohne jede Androhung von Sanktionen) zur Stärkung der Individualitätsentwicklung. Im Bild des Alten Testamentes: Äußerlich wurden die Gesetzestafeln zerschmettert, aber innerlich blieben die mosaischen Regeln als moralische Anweisungen erhalten.

Dem Recht im heutigen Sinne nähern wir uns in Griechenland, wo *Drakon* 621 v. Chr. und *Solon* 594 v. Chr. erstmals Gesetzeswerke schufen, die sich an den einzelnen Bürger wandten. Nicht nur Könige und Priester, nicht nur Oberhäupter weltlicher oder geistlicher Gemeinschaften, sondern auch einzelne Menschen aus dem Volk konnten jetzt ihre Rechte geltend machen. Inhaltlich waren diese Gesetze allerdings noch sehr „alttestamentarisch“, vergleichbar mit dem *Codex Hammurabi*. Man spricht noch heute von „drakonischen Strafen". Aber das wirklich Neue bei den alten Griechen war: der einzelne Mensch wurde erstmals in der Geschichte vom Rechtsobjekt zum selbst handelnden Rechtssubjekt. Er besaß nun selbst Rechte und Pflichten, was vorher den Herrschern und Priestern vorbehalten war.

Die Schwelle zum Individualrecht überschritt die Menschheit dann endgültig in *Rom*: Mit dem *12-Tafel-Gesetz* entstand ca. 450 v. Chr. ein Gesetzbuch, das ganz auf das Individuum und seine Rechte abgestellt war[3] – eine weitere Befreiung der Individualität aus den Zwängen der Gruppe. Als neue juristische Instrumente wurden das Eigentum und das Erbrecht entwickelt, was bewirkte, dass der einzelne Mensch über Haus und Hof sowie über Sklaven und andere „Gegenstände" frei verfügen und jeden anderen von dem Gebrauch dieser „Gegenstände" ausschließen konnte.[4] Dadurch wurde er bis in sein materielles Leben hinein autonom, unabhängig von der Gemeinschaft. Gleichzeitig entstand – und dies war die eigentliche Revolution des Rechtslebens in Rom – ein dem einzelnen Bürger durchschaubares und für ihn einklagbares Prozessrecht:

---

3 Zu den Einzelheiten vgl. z.B. Liebs, *Römisches Recht*, 2. Aufl. Göttingen 1982, S. 20 ff.

4 Noch heute lautet der insoweit maßgebliche § 903 BGB (Bürgerliches Gesetzbuch): „Der Eigentümer einer Sache kann, soweit nicht das Gesetz oder Rechte Dritter entgegenstehen, mit der Sache nach Belieben verfahren und andere von jeder Einwirkung ausschließen."

Si in ius vocat, ito: Wenn jemand zu Gericht gerufen wird, soll er gehen.
Ni it, antestamino: Geht er nicht, soll er einen Zeugen nennen.
Igitur em capito: Wenn er das nicht tut, soll er festgenommen werden.

Solche und weitere Prozessregeln schufen für den einzelnen Bürger Rechtssicherheit, auf die er sich bei seiner Persönlichkeitsentwicklung verlassen konnte.

Das alles galt zunächst nur für einen kleinen Teil der Bevölkerung; die Sklaven blieben juristisch betrachtet „Sachen", wie bei uns heute noch die Tiere. Aber immerhin: Der *Civis Romanus, der römische Bürger,* war ein unter dem Schutz des Rechts stehendes Individuum. Aus der Rechtsprechung in Rom entstand allmählich das sogenannte Schuldrecht, das bis heute die Grundlage unseres Zivilrechts ist: Bürger untereinander schließen Verträge, die beide Vertragsteile (einzeln oder gleichzeitig) verpflichten und berechtigen. Der Käufer einer Sache hat einen Anspruch auf Übereignung der Ware und zugleich die Schuld, den vereinbarten Kaufpreis zu zahlen.[5]

Welch eine Befreiung für den Menschen: aus den Zwängen der Gruppe, der Sippe, des Volkes, von der Willkür der weltlichen und religiösen Herrscher! Welch eine Revolution für die Entwicklung der Individualität:

---

5 Der Grundsatz des deutschen Schuldrechts findet sich in § 241 BGB: „Kraft des Schuldverhältnisses ist der Gläubiger berechtigt, von dem Schuldner eine Leistung zu fordern."

Der Einzelne „konnte“ sich nun innerhalb seines eigenen Reiches mit Hilfe seines Eigentums und seiner Rechtsansprüche entwickeln und von der Gesellschaft und den Mitbürgern emanzipieren. Anspruch und Schuld wurden die Eckpfeiler des Zivilrechts und sind es noch heute. Wer einen Anspruch hat, kann sich darauf verlassen, dass er ihn auch rechtlich durchsetzen kann. Wer eine Schuld hat, muss diese einlösen.

Das römische Recht gab und gibt uns auch heute noch Rechtssicherheit, ein wichtiges und hohes Gut für alle Demokratien: Jeder kann sich auf Recht und Gesetz verlassen. Aber Gesetze sind nicht immer gerecht. Rechtssicherheit und Gerechtigkeit gehen nicht immer konform. Deswegen bedurfte das römische Recht in seiner Entwicklung hin zu den modernen Rechtssystemen der Korrektur durch die Anleihe von Elementen des germanischen Rechts. Aus diesem wurden die sogenannten Generalklauseln entlehnt, mit deren Hilfe Einzelfallgerechtigkeit herzustellen ist, ohne dass das System des Schuldrechts in Frage gestellt werden muss. Eine solche Generalklausel findet sich im deutschen Recht insbesondere als *Grundsatz von Treu und Glauben* in § 242 BGB[6]. Die Gerechtigkeit im Einzelfall wird dadurch zum zweiten Eckpfeiler des heutigen Rechts, neben der Rechtssicherheit. Mit dieser Kombination

6 § 242 BGB lautet: „Der Schuldner ist verpflichtet, die Leistung so zu bewirken, wie Treu und Glauben mit Rücksicht auf die Verkehrssitte es erfordern. Die Kommentarliteratur zu diesem schlichten, aber genialen Rechtssatz füllt Bibliotheken.“

konnten alle demokratischen Gesellschaften bis heute gut leben.

Das römische Recht erscheint uns heute starr und tot. Dieser Eindruck stammt aber aus einer viel späteren

Jurastudent:innen lernen heute wie schon seit Jahrhunderten, dass es drei große Rechtsgebiete gibt, mit jeweils wieder einigen Untergliederungen:

Das Zivilrecht oder Bürgerliches Recht: Hier stehen sich Bürger und Bürger gleichberechtigt gegenüber. Es herrscht (mit wenigen Ausnahmen) Vertragsfreiheit; Ansprüche können mit Hilfe der sogenannten ordentlichen Gerichtsbarkeit durchgesetzt werden. Das Zivilrecht hat als wichtige Untergliederung mit eigener Gerichtsbarkeit das Arbeitsrecht. Dieses hat noch Elemente des vorchristlichen Machtrechts: „Treuepflicht" des Arbeitnehmers zum Arbeitgeber.

Das öffentliche Recht, das die Beziehungen zwischen Staat und Bürger regelt. Hier erlassen Parlamente Gesetze und Regierungen Verordnungen. Behörden können mit Erlassen und Verwaltungsakten unmittelbares Recht setzen – also auch noch Machtrecht, aber im Gegensatz zu früheren Zeiten können Bürger sich heute mit Klagen bei Verwaltungsgerichten gegen willkürliche oder rechts-

Zeit: Um 530 n.Chr. ließ Kaiser *Justinian* – eine zwielichtige Gestalt der Geschichte: er war durch die Ermordung seines Onkels auf den Kaiserthron gekommen – ein umfassendes Gesetzbuch erstellen, das alle gültigen

widrige Gesetze und Anordnungen wehren. Es gibt zahlreiche Untergliederungen des öffentlichen Rechts.

Und schließlich das Strafrecht, das eigentlich ein Unterfall des öffentlichen Rechts ist, aber heute als eigenständiges Rechtsgebiet gelehrt wird und deutlich noch die Prägung des alten Machtrechts trägt, wenn auch neben die alttestamentarischen Straftheorien der Sühne und der Vergeltung inzwischen der neuere und menschenwürdigere Gesichtspunkt der Resozialisierung getreten ist.

Die Vertragsfreiheit des Zivilrechts ermöglicht es uns, heute schon Schuldrecht durch Verantwortungsrecht zu ersetzen oder zu ergänzen, wo es uns sinnvoll oder notwendig erscheint. Im öffentlichen Recht und im Strafrecht liegt das nicht in der Macht des einzelnen Bürgers. Hier können nur Regierungen und Behörden im Laufe der Zeit schuldrechtliche Verhältnisse durch verantwortungsrechtliche Gestaltungen ersetzen, wie es zum Beispiel im Eherecht geschehen ist.

Gesetze der damaligen Zeit enthalten sollte: den – später sogenannten – *Codex Iustinianus* oder *Corpus Iuris Civilis*. Sein Inhalt durfte nach dem Willen seines Verfassers nicht verändert, nicht ausgelegt, ja nicht einmal übersetzt werden. Justinian wollte, dass dieser Codex in jeder Hinsicht unveränderbar sein sollte – ein Unterfangen, welches wie alle in der materiellen Welt auf Ewigkeit angelegte Ziele nicht segensreich wirken konnte. Der *Codex Iustinianus* ist die auf die Spitze getriebene Erstarrung des Rechts, aber keineswegs repräsentativ für das römische Recht, das insgesamt eine der wichtigsten Bedingungen für die Individualitätsentfaltung des Menschen darstellte.

Etwa 1000 Jahre später wird wieder eine neue Qualität des Rechts sichtbar, als Ende des 18. Jahrhunderts in Frankreich und den USA die *Menschenrechte* entwickelt wurden: Erstmals interessiert nicht nur der Schutz des Individuums gegenüber anderen Individuen, sondern auch der Schutz des Individuums gegenüber der Gemeinschaft. Bis dahin war die Gemeinschaft gegenüber dem einzelnen immer im Recht. Seit es unverbrüchliche Menschenrechte gibt, dürfen diese von keinem Staat und von keiner sonstigen Gemeinschaft verletzt werden. Der einzelne Mensch wird Maßstab des Rechts.

Vorbereitet wurde dies Mitte des 15. Jahrhunderts durch den Begriff der *Menschenwürde*, der zum Beispiel 1948 im deutschen Grundgesetz (GG) als Art. 1 kodifiziert wurde:

Die Würde des Menschen ist unantastbar. Sie zu achten und zu schützen ist Verpflichtung aller staatlichen Gewalt.

Zwei kurze Sätze, aber ein ganzer Kosmos von möglichen Bedeutungen. Die Interpretationen von Artikel 1 des Grundgesetzes füllen viele Bände juristischer Fachliteratur, aber bis heute ist nicht geklärt, was nun die Menschenwürde eigentlich ist. Giovanni Pico della Mirandola[7], Erfinder dieses Begriffs *(hominis dignitate)*, spricht den Träger dieses Begriffs, den Menschen, folgendermaßen an:

In die Mitte der Welt habe ich Dich gestellt, damit Du von da aus bequemer alles ringsum betrachten kannst, was es auf der Welt gibt. Weder als einen Himmlischen noch als einen Irdischen habe ich Dich geschaffen, und weder sterblich noch unsterblich Dich gemacht, damit Du wie ein Former und Bildner Deiner selbst nach eigenem Belieben und aus eigener Macht zu der Gestalt Dich ausbilden kannst, die Du bevorzugst. Du kannst nach unten hin ins Tierische

---

7 Giovanni Pico (Conte) della Mirandola (* 24. Februar 1463 in Mirandola in der heutigen Region Emilia-Romagna; † 17. November 1494 in Florenz) war ein italienischer Philosoph der Renaissance. Bekannt ist er heute vor allem durch seine Rede *Über die Würde des Menschen*, in der er die Frage nach dem Wesen des Menschen und seiner Stellung in der Welt stellt und die Willensfreiheit als charakteristisches Merkmal des Menschen hervorhebt (https://de.wikipedia.org/wiki/Giovanni_Pico_della_Mirandola)

entarten, Du kannst aus eigenem Willen wiedergeboren werden nach oben in das Göttliche.[8]

Der Mensch als Möglichkeit: weder himmlisch noch irdisch, ein Former und Bildner seiner selbst, mögliches Tier, möglicher Gott, ein Wesen, das mit innerer Freiheit begabt ist, oder, wie man es vielleicht mit einem Wort ziemlich genau fassen kann: mit Verantwortung. Denn das von Pico beschriebene Freiheitsgeschenk an die Menschheit ist eben keine äußere Freiheit, sondern in erster Linie die enorme Herausforderung, den Freiraum eigenständig und verantwortlich zu gestalten. Pico selbst kam mit seinen Gedanken zu früh: Er verfiel dem Kirchenbann und wurde 31jährig unter ungeklärten Umständen ermordet. Aber heute befinden wir uns als Menschen der zivilisierten Welt alle in der von ihm beschriebenen Situation. Artikel 1 des Grundgesetzes formuliert in diesem Sinne keinen Zustand oder gar Ansprüche, sondern eine Möglichkeit, eine Herausforderung.[9]

Ein weiterer Schritt in der Rechtsentwicklung vollzieht sich seit dem Ende des 20. Jahrhunderts. In Deutschland ist dieser neue Schritt am deutlichsten an der Novellierung des Eherechts im Jahre 1977 abzulesen. Bis 1977 gab es im Eherecht das Schuldprinzip, d. h. ein

---

8 Pico della Mirandola, *De hominis dignitate*, Hamburg 1990

9 Karl-Martin Dietz, *Menschenwürde als innere Freiheit, eine Herausforderung*, Die Drei 3/2013, S.25 ff.

Ehepartner konnte nur geschieden werden, wenn er nachwies, dass der andere Teil Schuld im Sinne des Gesetzes auf sich geladen hatte. Wenn die Schuld dann festgestellt war, folgten daraus weitreichende Konsequenzen: Der schuldige Elternteil musste Unterhalt zahlen, konnte das Sorgerecht nicht beanspruchten etc. Seit 1977 gibt es dieses Schuldprinzip nicht mehr: Eine Ehe wird dann geschieden, wenn sie zerrüttet ist; Kinder werden dem Elternteil zugesprochen, der voraussichtlich am besten geeignet zu ihrer Versorgung ist; Unterhalt wird entsprechend der jeweiligen Leistungsfähigkeit und Bedürftigkeit verteilt – ohne Rücksicht auf evtl. Schuld. Im Extremfall: Eine Frau, die (mit den Kindern) den Mann verlässt, um sich einem anderen Partner zuzuwenden, kann dennoch von sich aus die Scheidung beantragen und Unterhaltszahlungen für sich und die Kinder verlangen. Damit ist die Ehe ein Rechtsinstitut geworden, das dem in Rom entwickelten Prinzip von gegenseitigem Anspruch und Schuld der Rechtssubjekte nicht mehr unterliegt. Kein Ehepartner hat während der Ehe Ansprüche an den anderen; das einzige, was eine Ehe wirksam zusammenhalten kann, ist gegenseitiges Vertrauen und gegenseitige Verantwortungsübernahme. Zum ersten Mal gibt es ein Rechtsinstitut, das nur auf Vertrauen und Verantwortung gegründet ist – eine Revolution der Rechtsentwicklung gegenüber dem römischen Recht.

Die geschilderten Entwicklungslinien entsprechen einer Beschreibung Rudolf Steiners über drei Entwicklungsstufen der Gesellschaft: Machtgesellschaft, Tauschgesellschaft und Gemeingesellschaft[10]. In vorchristlicher Zeit wurde Recht durch *Macht* gesetzt: Was der jeweilige Herrscher bestimmte, war unmittelbar gültig für alle Untertanen. Hammurabi ist ein Beispiel für diese Phase der Entwicklung. Solon und Drakon bereiteten die nächste Entwicklungsstufe vor, die dann in Rom voll zur Entfaltung kam, die *Tauschgesellschaft:* Individualitäten tauschen sich aus, sie schließen Verträge, nach denen der eine etwas vom anderen und der andere etwas von dem ersteren beanspruchen kann. Seit Rom lernen Jurist:innen dieses Grundschema des Schuldrechts im ersten Studiensemester: Zwei Pfeile, die aufeinander zielen: A will eine Leistung von B, B will eine Leistung von A. Beide können ihre Ansprüche notfalls gerichtlich durchsetzen.

Mit den Menschenrechten kündigt sich die dritte Phase der Entwicklung an, die Steiner *Gemeingesellschaft* nennt: Nicht mehr alles ist jetzt durchsetzbar, was rechtlich möglich wäre. Es gibt Grenzen, innerhalb derer der Mensch in seiner Würde unantastbar ist. Und mit dem neuen Eherecht entsteht ein Rechtsgebiet, in dem das Schuldrecht als beherrschendes Element der Tauschgesellschaft schon teilweise außer Kraft gesetzt ist. Anspruch und Schuld werden als Instrumente des Rechts in diesem Bereich wirkungslos: Die Aufrechterhaltung ei-

10 Rudolf Steiner, Vortrag vom 29.10.1919, GA 332a

ner Ehe ist gegen den Willen des Partners nicht zu erzwingen.

Bevor wir uns aber genauer dieser dritten Phase und damit dem Verantwortungsrecht zuwenden, erscheint noch ein Blick auf die Grundlagen des heutigen Schuldrechts, Rechtssicherheit und Gerechtigkeit, sinnvoll.

4.

Gerechtigkeit und Rechtssicherheit – zwei Eckpfeiler des Rechts

Der Rentner Rudolf Rüstig verlangt von seiner Schwiegertochter Renate die Rückzahlung eines Betrages von 10 000 Euro, nachdem die Ehe seines Sohnes Raimund mit Renate geschieden worden ist. Er begründet seine Forderung damit, dass er Renate vor fünf Jahren das Geld geliehen habe. Diese verweigert die Rückzahlung und behauptet, der Schwiegervater habe ihr den Betrag von 10 000 Euro geschenkt. Nun verklagt Rüstig seine Schwiegertochter. Sein Anwalt beruft sich zum Beweis dafür, dass das Geld ein Darlehen war, auf die Aussage von Raimund Rüstig. Renates Anwalt benennt deren Freundin Helga Harmlos als Gegenzeugin. Das zuständige Landgericht vernimmt beide: Helga Harmlos kann sich vage erinnern, dass Renate einmal gesagt habe, sie habe von ihrem Schwiegervater Geld bekommen; ob das aber geliehen oder geschenkt war, wisse sie nicht mehr. Raimund Rüstig beruft sich auf sein Aussageverweigerungsrecht. Das Gericht fällt daraufhin ein Urteil dahingehend, dass Rudolf Rüstig den Betrag von 10 000 Euro zugesprochen bekommt.

Warum dieses Urteil? Für das Gericht stellte sich der

Sachverhalt so dar, dass Renate von Rudolf Rüstig unstreitig 10 000 Euro bekommen hatte. Streitig war dagegen, ob es sich um ein rückzahlbares Darlehen oder eine Schenkung handelte. Nach dem Sachvortrag des Klägers bestand ein Rückzahlungsanspruch gemäß § 607 Abs. 1 Bürgerliches Gesetzbuch (BGB). Renate hatte jedoch eine rechtserhebliche Einwendung vorgetragen, nämlich die Behauptung, es sei eine Schenkung gewesen. Nach der Zivilprozessordnung gilt für derartige Fälle der Grundsatz, dass jeder Prozessbeteiligte die für ihn günstige streitige Behauptung beweisen muss (§§ 138, 282 Zivilprozessordnung (ZPO)): Also musste Renate den Beweis antreten, dass das Geld geschenkt war. Das ist ihr nicht gelungen, denn ihre Freundin konnte zur entscheidenden Beweisfrage nichts sagen. Im Ergebnis bedeutete das für den Richter: Die behauptete Schenkung ist nicht bewiesen worden, demnach war der Sachvortrag des Klägers als richtig zu unterstellen. Mithin war ihm der Rückzahlungsanspruch zuzugestehen.

Rudolf Rüstig hat also nun ein Urteil. Wie aber steht es jetzt in diesem Fall mit der Gerechtigkeit? Auffällig ist, wie wenig Spielraum in diesem (fiktiven, aber typischen) Fall das Gericht im Rahmen der Prozessregeln, an die es gebunden ist, für die eigene Wahrheitsfindung hat. Ein etwas größerer Spielraum hätte sich ergeben, wenn die Zeugin Helga Harmlos eindeutig ausgesagt hätte, sie wisse aus Gesprächen zwischen dem Kläger und der Beklagten, dass das Geld geschenkt sein sollte. Dann hätte das Gericht nämlich eine Beweiswürdigung vornehmen müssen, es hätte die Glaubwürdigkeit der Zeugin und die Schlüssigkeit ihrer Aussage bewerten und je nach dem Ergebnis seiner Bewertung eine Schenkung als bewiesen ansehen müssen oder nicht (§ 286 ZPO). Nach der ersten Variante des Beispielsfalles durfte es das jedoch gerade nicht; vielmehr war es an das Ergebnis, das sich allein aus den Prozessregeln ergab, gebunden.

Und wenn nun das Gericht trotz dieses Beweisergebnisses aufgrund der eigenen Wahrnehmungen während des Prozesses von beiden Parteien der festen Überzeugung wäre, die Beklagte (Schwiegertochter) habe die Wahrheit gesagt, während die Behauptung des Klägers (Schwiegervater) eine Lüge war? Durften sie dann nicht aus dieser Überzeugung heraus ein Urteil zugunsten der Beklagten fällen? Die Antwort des Gesetzes ist: Eindeutig nein! Wo bleibt die Gerechtigkeit?

Und wenn nun eine:r der Richter:innen – um die Problematik noch weiter zuzuspitzen – zufällig von Bekannten erfahren hätte, der alte Rüstig habe sich in seiner Stammkneipe vor seinen Skatbrüdern damit gebrüstet, er werde es seiner Schwiegertochter, die an der Scheidung des Sohnes schuld sei, jetzt zeigen; er habe sie auf Rückzahlung des geschenkten Geldes verklagt, weil sie ja sowieso nicht das Gegenteil beweisen könne? Dürfte er wenigstens dann aufgrund seiner eigenen Kenntnis ein Urteil zugunsten der Beklagten fällen? Die Antwort des Gesetzes ist wiederum: Nein! Wo bleibt die Wahrheit?

Gerechtigkeit und Wahrheit sind offensichtlich nicht die einzigen Maßstäbe bei der Urteilsfindung im Gerichtssaal. Wiewohl die Richterinnen und Richter nur dem Gesetz und ihrem eigenen Gewissen unterworfen sind, kommt es nicht selten vor, dass sie Urteile zu fällen genötigt sind, die ihrem Gerechtigkeitsempfinden widersprechen. Die Prozessregeln, die vom Gesetz vorgegeben sind, gehen dem subjektiven Empfinden von Richter:innen vor. Sie dürfen nicht willkürlich die gesetzlich festgelegte Beweislastverteilung ändern, auch wenn sie überzeugt sind, damit der Gerechtigkeit zu dienen. Ebenso wenig dürfen sie ihr Urteil auf eigene private Kenntnisse von Tatsachen stützen, die die Prozessparteien nicht zum Gegenstand des Streites gemacht haben. Das ist die sogenannte Parteienmaxime des Zivilrechts.

Allerdings hat ein guter Richter oder eine gute Richterin, wenn er oder sie in die Lage kommt, ein Urteil fällen zu müssen, welches dem Empfinden widerstrebt, noch die Möglichkeit zu versuchen, die Prozessparteien zu einem vernünftigen Vergleich zu bewegen. Aber das hat er oder sie nicht in der Hand. Scheitern seine Vergleichsbemühungen, zwingt das Gesetz dem Gericht das Urteil auf. Herr Richter, mir geht es nicht um mein Geld, mir geht es nur um die Gerechtigkeit! Diesen Ausspruch kann man in Deutschlands Gerichtssälen täglich hundertfach hören. Und hundertfach lautet die Antwort: Gerechtigkeit können Sie hier nicht bekommen, nur ein Urteil!

Das war nicht immer so. In Ägypten wurden Urteile seit Mitte des dritten Jahrtausends v. Chr. von dem Wesir gefällt, dem höchsten Beamten des Staates, dessen Verbindung mit dem Himmel, also auch mit der Gerechtigkeit, unterstellt wurde. In Griechenland entschied das Volk durch Beifalls- oder Missfallenskundgebungen über Vorschläge eines Ältestenrats. Bei den germanischen Stämmen war das Thing, also die Versammlung des Stammes, zugleich Gerichtsverhandlung: Auf Befragen des Gerichts wurde ein Urteilsvorschlag aus der Mitte der Versammlung gemacht und wiederum an der Beifallskundgebung der Versammlung gemessen: Alles Versuche, die Gerechtigkeit und die Wahrheit selbst sprechen zu lassen. Auch diese beispielhaft geschilderten historischen Methoden der Urteilsfindung waren aber keine Garantie gegen – aus heutiger Sicht – spektakuläre Fehlurteile: Das Todesurteil gegen Sokrates fällte ein mit 501 ausgelosten Geschworenen besetztes Gericht. Aber im Unterschied zur heutigen Situation hatten Urteile immer den Anspruch höherer Weisheit: Gerechtigkeit und Wahrheit waren unbestrittene Maßstäbe für die Urteilsfindung.

Es gab jedoch noch einen anderen Unterschied: Bis zur Mitte des letzten Jahrtausends v. Chr. waren die Regeln des Gerichtsprozesses einzig und allein Sache des Gerichts bzw. des jeweiligen Herrschers, der es eingesetzt hatte. Für die Prozessparteien war das Verfahren, auf das sie sich einließen, undurchschaubar. Infolgedessen war nicht nur der Gerechtigkeit, sondern auch der Willkür Tür und Tor geöffnet. Zu dieser Zeit hatte Recht, wer die Macht hatte, denn er bestimmte die Spielregeln.

Und so war die Geschichte des Rechts noch lange ein Spiegelbild der jeweils herrschenden Machtverhältnisse. Die Templer bekamen das zu spüren, Jan Hus, Johanna von Orleans, Giordano Bruno und viele andere. Unzählige Menschen wurden Opfer von Willkürprozessen im Dritten Reich oder unter stalinistischer Herrschaft. Noch heute kann man – vor allem in Verwaltungsgerichtsprozessen und im Zeichen knapper Staatsfinanzen – dann und wann durchaus Formen eines vorauseilenden Gehorsams gegenüber den Staatsinteressen beobachten. Was uns im geltenden Prozessrecht vor Willkürurteilen bewahrt, ist derselbe Wert, der andererseits die eingangs geschilderte Eingrenzung des Urteilsspielraums des Gerichts bewirkt: die Rechtssicherheit. Die Verschiebung der Maßstäbe im Gerichtsprozess zu Lasten der Gerechtigkeit, aber auch der Willkür, und zugunsten der Rechtssicherheit begann seit 500 v. Chr. in Griechenland und Rom, als erstmals Prozessregeln nicht nur eingeführt, sondern auch veröffentlicht wurden. Das war eine soziale Revolution erster Ordnung.

Seit dieser Zeit stehen Gerichtsprozess und Urteilsfindung immer zwischen diesen beiden Polen: Rechtssicherheit auf der einen Seite, Gerechtigkeit auf der anderen.[11] Und es ist deutlich zu beobachten, dass alle diktatorischen Herrschaftsformen die dritte Gewalt, die Rechtsprechung, dadurch unter ihre Kontrolle stellten,

---

11 Ergänzend hierzu Lüdemann-Ravit, *Konfliktsprechstunde*, Stuttgart 1994, S. 112 ff.

dass sie unter Berufung auf die Gerechtigkeit eigene willkürliche Maßstäbe für die Urteilsfindung setzten. So wurden unter nationalsozialistischer Herrschaft die aus dem germanischen Recht stammenden Generalklauseln, die einen weiten Ermessensspielraum boten, besonders betont. Nach Treu und Glauben (§ 242 BGB) ließen sich für alle Fälle Urteile finden, die den Herrschenden genehm sein mussten.[12]

Demgegenüber besteht in demokratischen Staatsformen die Tendenz, die Rechtssicherheit zu betonen und dementsprechend das Recht so lückenlos auszugestalten, dass für den Richter kein eigener Ermessensspielraum bei seiner Urteilsfindung mehr bleibt. Man darf unterstellen, dass nach der Rechtsordnung der Bundesrepublik Deutschland weder Sokrates noch Giordano Bruno verurteilt worden wären. Und man sollte nicht unterschätzen, wie wichtig die diese Rechtsordnung prägende Rechtssicherheit für das Funktionieren moderner Demokratien ist. Dennoch bleibt ein Unbehagen gegenüber der Tatsache, dass Gerechtigkeit und Wahrheit heute als Maßstäbe für Gerichtsurteile kaum noch Gewicht haben, wiewohl man sich vergegenwärtigen kann, dass diese Entwicklung nur einer allgemeinen Bewusstseinsänderung entspricht.

Noch zu Beginn meiner Anwaltslaufbahn Ende der 1970er Jahre traf ich auf ältere Amtsrichter:innen, die

12 Eine sehr lesenswerte Sammlung nationalsozialistischer Willkürurteile ist das Buch von Güstrow, *Tödlicher Alltag*, Berlin 1981.

souverän aus ihrer eigenen Menschenkenntnis und Allgemeinbildung heraus Urteile in eigener Gewissensfreiheit fällten, ohne sich vom Gesetz oder von Sachverständigen zwingen zu lassen, aber auch ohne den Boden der Rechtssicherheit zu verlieren. Sie selbst garantierten in ihrer Person sowohl ausreichende Gerechtigkeit als auch ausreichende Rechtssicherheit. Die Rechtsuchenden wussten, dass die Richter:innen in ihrem Bezirk ihre „Pappenheimer" kannten und dass man ihnen nichts vormachen konnte. Das war ihre Basis für sozialverträgliche Urteile. Diese Amtsrichter:innen mussten auch selten befürchten, dass ihre Urteile angefochten oder gar in der Berufungsinstanz aufgehoben wurden. Denn auch bei den Landgerichten war bekannt, dass ihre Urteile in aller Regel respektiert zu werden verdienten.

Heute ist die Entwicklung des Prozessrechts weiter in der Richtung fortgeschritten, dass die Bindung an Gesetze, höchstrichterliche Rechtsprechung und Sachverständigenurteile fast lückenlos ausgestaltet ist. Maßstäbe der *political correctness* tun ein Übriges, um die heutigen Gerichte tendenziell zum ausführenden Organ einer reibungslos funktionierenden Maschine Gerichtsbarkeit zu machen. Es bedarf keiner großen Phantasie, sich vorzustellen, dass die Rechtssicherheit noch weiter zu steigern ist mit Hilfe von Zentralcomputern, in denen alle Gesetze und Urteile gespeichert sind und aus denen jederzeit – nach Eingabe des Sachverhalts – die Urteile für den Einzelfall abgerufen werden können. Auf diese Weise wird – und wir sollten uns nicht der Illusion hingeben, dass diese Entwicklung zu bremsen sein wird – die Urteilsfindung im Rechtsleben zu einer reinen Technik.

Woher stammen die Qualitäten Rechtssicherheit und Gerechtigkeit? Um das verständlich zu machen, gehe ich im nächsten Kapitel einen kleinen Umweg.

5.

Die Mysterienströme Europas als Quelle des Rechts

Nach Bernard Lievegoed, einem niederländischen Arzt und Organisationsberater, gibt es vier Mysterienströme, die Europa geprägt haben.[13] Sie ordnen sich den vier Himmelsrichtungen zu und lassen sich in etwa so charakterisieren:

- In den südlichen Mysterien wurde der Mensch als individuelle Persönlichkeit geprägt. Er befreite sich aus Gruppenzusammenhängen und entwickelte nach und nach seine eigene Rechtssphäre. Von Ägypten aus wanderte diese Strömung nach Rom und weiter nach Mitteleuropa. Diese **Mysterien des Menschen,** wie sie von Lievegoed genannt werden, können am besten mit dem beeindruckenden Bild der ägyptischen Pyramide versinnbildlicht werden: Der Mensch als Spitze der Welt, als Herrscher. Gemeint sind aber nicht nur die Pharaonen und Priester, son-

13 Bernard C.J. Lievegoed, *Mysterienströmungen in Europa und die neuen Mysterien*, Stuttgart 1979

dern gemeint ist jeder Mensch als sich authentisch entwickelnde Persönlichkeit, als Herrscher über sich selbst. Für diese Entwicklung benötigt der Mensch einen Rechtsraum, der unantastbar ist, dessen er sich jederzeit allen anderen Menschen gegenüber sicher sein kann; mit einem Wort: er braucht Rechtssicherheit. Daher ist es folgerichtig, dass in Rom und in den vom römischen Recht beeinflussten Kulturräumen wie Südeuropa, Frankreich und auch Deutschland die Rechtssicherheit Gesetzgebung und Rechtsprechung besonders geprägt hat.

- Der nördliche Mysterienstrom ist das Gegenteil des südlichen. Hier wurden Gemeinschaftsformen geübt und ausgestaltet. Diese – von Lievegoed so bezeichneten – **Mysterien der Erde** werden am treffendsten charakterisiert durch das Bild von Widar, dem ewig schweigenden Gott, der die Götterdämmerung überlebt und den Fenriswolf, also die ungeläuterte Menschennatur, besiegt. Die Verbindung des Menschen mit der Erde war im Norden Europas die Grundlage des Rechts. Kodifiziertes, also geschriebenes, Recht war nicht wichtig; es ging um materielle Gerechtigkeit. Das aus diesem Strom stammende germanische Recht ist durchzogen von sogenannten Generalklauseln und unbestimmten Rechtsbegriffen: Das ermöglicht – unter Verzicht auf die Rechtssicherheit – ein hohes Maß an Einzelfall-Gerechtigkeit. Der Grundsatz von Treu und Glauben, der Allgemeingut unserer Rechtskultur ist, stammt aus diesem Rechtsstrom.

Rechtssicherheit und Gerechtigkeit prägen alle europäischen Rechtssysteme – mal mehr das Eine, mal mehr das Andere: während im angelsächsischen *case-law* die Gerechtigkeit höher bewertet wird, überwiegt in den ausgefeilten Rechtssystemen der romanischen Länder die Rechtssicherheit. In der deutschen Rechtstradition hält sich beides die Waage; insbesondere hier treffen sich die Mysterienströme aus Nord und Süd. Das Recht in Europa entstammt diesen beiden uralten Quellen.

Die Mysterien des Nordens und des Südens bilden in Europa die Mitte der Achse zwischen Westen und Osten:

- Im Westen Europas, ausgehend von Irland, gab es die **Mysterien von Hibernia** – im Bild: die Artusrunde, die das Prinzip der Brüderlichkeit symbolisiert.
  Und im Orient, später in Griechenland, entwickelt sich der östliche Mysterienstrom, die **Mysterien der Weisheit** (Lievegoed). Sie werden versinnbildlicht durch das Grals-Geheimnis, da Bild des Erkenntnisstrebens des Menschen: Weisheit als Prinzip des Ostens

Wie die Mysterien von Nord und Süd verbindet auch die Ströme von Ost und West ein verborgenes Band: Lievegoed vermutet, dass sich die westlichen Mysterien gewissermaßen in den östlichen Strom „geopfert" haben: wie Parzival, der Artus-Ritter, sich mit dem Gral verband und in dessen Dienst trat. So treffen sich von Ost und West Brüderlichkeit und Weisheit zu einer Symbiose wie von Nord und Süd Rechtssicherheit und Gerechtigkeit. Und als Gesamtbild ergibt sich: Brüderlichkeit, Recht und Weisheit bilden eine Achse der Dreigliederung durch Europa vom Westen über die Mitte nach Osten.

Inspirieren können uns heutige Juristen auch die Einweihungstraditionen der vier Mysterienströme:

In den Mysterien von Hibernia lernten die Einzuweihenden die Dualität der Welt kennen: Sonne und Mond, männlich und weiblich. Und im Osten lehrten die Mysterien das Erkennen mit dem Herzen: der Gral, die Schale mit dem Blut Christi, war dafür das Symbol.

Die Einweihung des Nordens war für die Adepten eine Reise durch Wort, Gesang und Schrift: das Ergreifen der irdischen Welt, eine Inkarnationsschulung. Demgegenüber war die Einweihung des Südens der Gang durch die Unterwelt: Das Motiv von Tod und Auferstehung findet sich bei Orpheus, bei Lazarus, bei Christian Rosenkreuz und natürlich auch bei Christus. Das Leben auf der Erde und die Überwindung des Todes wurden erlernt. Das gesprochene und geschriebene Wort ist das wichtigste *Medium des Rechts*, um Vereinbarungen festzuhalten. Und die wichtigste *Methode des Rechts* ist: Tatsachen werden vereinfacht (getötet) und phantasievoll neu gestaltet (wiederbelebt).

So haben Gerechtigkeit und Rechtssicherheit das Recht bis heute geprägt. Aber die Entwicklung geht weiter, und auch die Bedürfnisse der Rechtssuchenden verändern sich: Heute fragen wir bei sozialen Konflikten nicht mehr, was wahr oder gerecht ist, sondern wir suchen situative Gerechtigkeit und situative Rechtssicherheit und fragen: Was dient den Interessen der Konfliktbeteiligten am besten?

Und da stellt sich die Frage, ob der Fall von Rudolf Rüstig und seiner Schwiegertochter auch anders als eingangs geschildert hätte gelöst werden können. Antwort: Vor Gericht sicher nicht! Dort sind die üblichen Prozessregeln, insbesondere hinsichtlich der Beweislastverteilung, auch auf lange Sicht im Sinne einer ausreichenden Rechtssicherheit noch unverzichtbar. Aber inzwischen gibt es ein neues Instrument der Konfliktbewältigung: die Mediation. Und Mediator:innen sind – anders als Richter:innen – nicht an das Gesetz und an Prozessregeln gebunden, sondern sie können situativ mit den Beteiligten zusammen neues Recht schaffen. Und wer weiß? Vielleicht hätten Rudolf Rüstig und seine Schwiegertochter sich in einer Mediation darüber verständigt, dass die 10 000 Euro den Kindern von Raimund und Renate Rüstig zufließen sollen? Auf die Mediation als geeignete Methode für das Verantwortungsrecht komme ich später zurück.

Denn eine Dimension des Rechts kam bisher noch gar nicht zur Sprache: die des Schicksals.

6.

Können wir Menschen und ihre Schicksale wahrnehmen? Eine Symptomatologie

Eine ca. 35-jährige Frau, nennen wir sie Frau Peters, betreibt mit ihrem Ehemann, ca. 40 Jahre alt, ein Gewerbe, das auf ihren Namen angemeldet ist. Dies deswegen, weil der Ehemann nach außen hin nicht unter seinem Namen tätig werden darf, weil er hohe Schulden hat. Tatsächlich ist er jedoch praktisch alleine tätig, die Ehefrau hat so gut wie keine Ahnung von dem Betrieb. Sie weiß nur, dass der Gewinn ca. 60.000 Euro pro Jahr beträgt und dass ihr Ehemann ihr daraus monatlich 2000 Euro für den Haushalt bezahlt. Außerdem begleicht er die Miete. Sie weiß auch, dass er zusätzlich 1000 Euro monatlich an Arbeitslosengeld bezieht, weil er offiziell als arbeitslos gemeldet ist. Die Eheleute Peters sind seit 15 Jahren verheiratet und haben drei Kinder im Alter von 13, 9 und 5 Jahren. Herr Peters hat nun kürzlich eine andere Frau kennengelernt, was ihn dazu veranlasst hat, aus der Ehewohnung auszuziehen und gleichzeitig Beträge in der Größenordnung von insgesamt 80.000 Euro vom Geschäftskonto und dem Privatkonto der Ehefrau abzuheben. Außerdem hat er das Geschäftsauto mitgenommen und verlauten lassen, er werde keinen Cent Unterhalt zahlen. Ein beiden Eheleuten gehörendes Pachtgrundstück versucht er auf seine Freundin umschreiben zu lassen, was ihm aber nicht gelingt. Stattdessen hat die Ehefrau sich bereits den faktischen Besitz des Grundstücks verschafft, weil sie schnell genug alle Schlösser ausgetauscht hat. In der Vergangenheit hat es zwischen den Eheleuten mehrere Male Streit gegeben. Es ist auch nicht das erste Mal, dass Herr Peters eine Freundin hat. Wie Frau Peters mitteilt, sei er aber jedes Mal zurückgekommen. Früher habe ihr Mann auch schon einmal im Gefängnis gesessen. Frau Peters sagt von sich, sie sei „sehr religiös". Ihre äußere Erscheinung ist elegant, sehr gepflegt. Sie trägt teure Kleidung und an jedem Finger Schmuckringe. Frau Peters hat folgendes Anliegen: Sie möchte die 80.000 Euro zurückbekommen, der Ehemann soll Unterhalt für die Kinder zahlen und das Pachtgrundstück soll ihr gesichert werden. Ein Antrag auf Ehescheidung soll ebenfalls gestellt werden, damit „mein Mann sieht, dass ich es ernst meine".

Dieser Sachverhalt stellt den von der Ehefrau zu Rate gezogene Anwalt vor die Frage: Soll er einen Ehescheidungsantrag stellen und Strafanzeige gegen den Ehemann erstatten und damit voraussichtlich unwiderruflich auf eine Trennung der Eheleute Peters hinarbeiten? Oder soll er Versuche machen, eine Verständigung herbeizuführen trotz aller scheinbar unüberbrückbaren Streitpunkte, um die Beziehung beider zu retten? Diese Entscheidung muss er für sich treffen, bevor er tätig wird, denn je nachdem, wie die Entscheidung ausfällt, eröffnen sich ganz verschie-

dene Wege. Auf verbale Hilfe der Betroffenen darf er dabei nicht bauen, vielmehr nur auf seine eigene Wahrnehmungsfähigkeit. Er muss darauf vertrauen, dass das, was an Tatsachen auf ihn zukommt, schon die Symptome enthält, die für seine Entscheidung wichtig sind. Aber wie nimmt man Symptome denn wahr?

Für den Umgang mit Geschichte beschreibt Rudolf Steiner eine Erkenntnismethode, die er „Symptomatologie" nennt, und die er unterscheidet von der Phänomenologie als für die Natur-Erkenntnis geeignete Methode. Phänomenologie ist demnach die Wahrnehmung der Natur mit der Intention, in der wahrgenommenen Wirklichkeit, also in dem Phänomen, bereits die Idee des wahrgenommenen Gegenstandes zu erkennen. Dies ist in der Natur möglich, gegenüber dem Menschen jedoch nur insoweit, als er auch Natur ist. Am Bau des Ameisenkörpers kann der Naturforscher die Ordnungsfunktion der Ameise in ihrer Umgebung ablesen. Steine, Pflanzen und Tiere offenbaren uns alle ihre Geheimnisse bei genügend genauer Beobachtung.

Ganz anders verhält es sich jedoch mit dem Menschen selbst. In ihm fallen Idee und Erscheinung auseinander. Eine noch so genaue Beobachtung eines Menschen erbringt nur Erkenntnisse über ihn, soweit er Natur ist. Seine Individualität dagegen entzieht sich der sinnlichen Beobachtung.

Nach der Methode der Symptomatologie hingegen können laut Steiner solche Phänomene zu Symptomen werden und dadurch zu Erkenntnissen verhelfen, die schlaglichtartig für den Betrachtenden als äußere Tatsachen die geistige Wirklichkeit beleuchten. Die eigene subjektive Sicht des Betrachters wird dadurch Teil der Erkenntnis.

Von einer anderen Seite kommt die von dem Philosophen Hermann Schmitz in den 1960er Jahren eingeführte und seither stetig weiterentwickelte „Neue Phänomenologie" zu einer ähnlichen Methodik.

Schmitz moniert, dass die Philosophie die inneren Erlebnisse und äußeren Erkenntnisse des Menschen voneinander getrennt habe: Die äußere Welt wird reduziert auf eine kleine Anzahl von Merkmalen, die zu den vorhandenen statistischen und experimentellen Methoden der Wissenschaften (vor allem der Naturwissenschaften) passen. Gefühle und andere nicht-messbare Vorkommnisse werden in die Seele als Hort der Subjektivität verlegt. Das betrifft nach Schmitz z. B. auch Atmosphären, Situationen, den Raum und – für unser Thema interessant – die leibliche Kommunikation, eine Art von Zusammenspiel zwischen einer Person und einem Partner, der nicht notwendig ein Lebewesen sein muss. Beispiel: Ein Mensch ist betroffen von einer Landschaft; diese Betroffenheit erzeugt in ihm ein Gefühl der Enge oder auch der Weite, und dieses Gefühl wiederum ist für ihn ein zusätzliches Erkenntnisinstrument.

Die Neue Phänomenologie untersucht diese meist unbeachteten Phänomene. Von grundlegender Bedeutung ist dabei für Schmitz die Theorie der Subjektivität. Es sei ein großer Fehler der traditionellen Denker gewesen, anzunehmen, dass alle Fakten objektive Fakten sein müssen und sein können. Die Neue Phänomenologie zeigt, dass es subjektive Fakten gibt, die nur von einer Person festgestellt werden können, und dass objektive Fakten bloße Residuen der fundamentaleren subjektiven Fakten sind.[14]

Symptomatologie (Steiner) oder Neue Phänomenologie (Schmitz): beide Methoden eröffnen den Raum, mehr als nur äußere – empirisch erfassbare – Fakten wahrzunehmen. Ich nenne diese beiden Methoden hier weiter Symptomatologie.

Als Jurist:innen haben wir es allerdings nicht mit bedeutenden Geschichtsereignissen zu tun, sondern mit vielen menschlichen – oft allzu menschlichen – Geschehnissen. Zum Beispiel mit der Geschichte von Frau Peters.

Was sind hier die Symptome, die eine Erkenntnis über die beteiligten Menschen verschaffen können? Eine Erkenntnis, aus der heraus vielleicht auch sozial heilsame Aktivitäten entstehen können? Einige Phänomene rechtfertigten in diesem Fall für mich eine genauere Betrachtung:

- Trotz ihrer negativen Erfahrungen hat Frau Peters ihrem Ehemann voll vertraut und sich finanziell von ihm abhängig gemacht;

14 https://de.wikipedia.org/wiki/Neue_Phaenomenologie

- sie hat seine illegalen Machenschaften zumindest nicht verhindert und (vermutlich nicht ungern) von ihnen profitiert; – der Verlust ihres Ehemannes ist ihr offensichtlich weniger wichtig als der Verlust des Bankguthabens von 80 000 Euro;
- trotz ihrer scheinbaren Naivität war Frau Peters ohne große Mühe in der Lage, sich hinsichtlich des Pachtgrundstücks gegenüber dem Ehemann durchzusetzen;
- gerade die schroffe Art, in der Herr Peters seine Familie behandelt, lässt darauf schließen, dass er Streit sucht. Das bedeutet: Er will die Verbindung nicht aufgeben. Wer alle Brücken hinter sich abbrechen will, provoziert keinen Streit, sondern verschwindet möglichst lautlos.

Das alles sind zunächst noch Phänomene ohne besonderen Stellenwert für den Beobachter. Wie werden diese Phänomene zu Symptomen?

Steiners Antwort für die geschichtliche Symptomatologie ist ganz schlicht: Er beschreibt für sich persönlich, dass er sich schon von früh auf immer für Dinge interessiert habe, „die einen eigentlich nichts angehen“.[15] Also eine nicht besonders geschätzte Eigenschaft, die Neugier, verhilft zur Erkenntnis von Symptomen.

Das bedeutet: Das Schicksal führt jeden Menschen zu den Symptomen hin. Er erkennt sie aber nicht, wenn

15 a.a.O., S. 158

er sich aus Desinteresse, aus Pietät oder aus anderen Gründen nicht für das interessiert, was auf ihn zukommt. Demgegenüber kann jedes Phänomen durch eigenes Interesse zu einem Symptom werden.

Zwei Methoden findet man bei Steiner noch[16], die man als Wahrnehmungsschulung für das Erkennen von Symptomen verstehen kann:

Zum einen geht es darum, den anderen Menschen, das Gegenüber, bildhaft erfassen zu lernen: Die Kopfform, der Gang des Menschen, seine Sprache etc. werden zu bildhaften Äußerungen seiner Individualität. Wo die äußere Erscheinung nicht mehr nur Phänomen ist, sondern als Bild der geistigen Wirklichkeit angesehen wird, kann sie zum Symptom werden.

Zum anderen wird beschrieben, dass es die „bedeutendste soziale Eigenschaft für die Zukunftsentwicklung" sein könne, ein „naturwissenschaftliches objektives Interesse für Fehler anderer Menschen" zu entwickeln, ohne sie zu kritisieren. Wo Sympathie und Antipathie zu Wahrnehmungsorganen werden, eröffnen sie den Blick auf symptomatische Schicksalsphänomene.

Beide Übungen schulen den Blick für das, was uns „eigentlich nichts angeht", was aber geistige Wirklichkeiten in äußeren Erscheinungen sichtbar machen kann.

Kann man – von diesen Überlegungen ausgehend – Symptome im Fall der Eheleute Peters finden, die dem Anwalt von Frau Peters weiterhelfen?

---

16 GA 185, S. 96 ff.

Am interessantesten ist von den aufgezählten Phänomenen vielleicht die Souveränität von Frau Peters, mit der sie auf den Auszug ihres Ehemannes reagiert. In Verbindung mit ihrer eleganten äußeren Erscheinung (die den Juristen eigentlich nichts angeht) steht diese Souveränität, mit der sie auch ihre Anliegen formuliert, in auffälligem Widerspruch zu der Schutzbedürftigkeit und Hilflosigkeit, die sie ausstrahlen möchte. Könnte es sein, dass der scheinbar so ungerecht handelnde Ehemann ihr damit eine Chance verschafft, auf die sie unbewusst schon gewartet hat, um sich aus ihrer Abhängigkeit zu befreien? Hat in Wirklichkeit nicht sie ihn, sondern er sie damit unwiderruflich verloren? Kann der Anwalt diese Wahrnehmungen und Überlegungen als Symptom auffassen und – davon ausgehend – sich dafür entscheiden, Scheidungsantrag und Strafanzeige zu veranlassen?

Wie auch immer: Tatsächlich ging die Geschichte so weiter: Die Ehe wurde geschieden. Das Sorgerecht über die Kinder wurde Frau Peters zugesprochen. Es gab zahlreiche unerfreuliche Auseinandersetzungen über die Unterhaltspflicht. Während Herr Peters zunächst freiwillig Zahlung leistete, stellte er sich später – mit Hilfe seiner Freundin – wieder vermögenslos. Das Strafverfahren wurde von der Staatsanwaltschaft eingestellt. Frau Peters lebt inzwischen mit einem neuen Partner zusammen. Für ihren geschiedenen Ehemann interessiert sie sich nicht mehr.

Symptomatologie ist auch eine wichtige Voraussetzung für Jurist:innen, wenn sie ansatzweise sozial gestaltend, vielleicht sogar sozial künstlerisch tätig sein möchten: Sowohl bei sozialen Konfliktsituationen als auch in Fällen, in denen es um die Gestaltung von Verträgen oder Satzungen für Gemeinschaften geht, ist es hilfreich, sich zunächst einige Fragen über die Beziehungen der beteiligten Menschen vorzulegen, z. B.:

- Wer von den Beteiligten spielt in ihrer Beziehung zu anderen eine Führungsrolle? Zu wem besteht uneingeschränktes Vertrauen der Anderen? Zu wem kommt man mit seinen Sorgen und Nöten?
- Wer von den Beteiligten redet viel und tut wenig? Wer ist zuverlässig in der Erledigung von übernommenen Aufgaben?
- Wer ist der Ideengeber in einer sozialen Gemeinschaft? Wer ist in der Lage, ein Ideal nicht nur kurzfristig, sondern über Jahre hin zu verfolgen?
- Wer kann in Streitfällen vermitteln? Wer ist hingegen – bewusst oder unbewusst – Ausgangspunkt für Konflikte?
- Passen die Beteiligten zusammen? Gehört jemand von ihnen möglicherweise nicht in die Gemeinschaft? Fehlt eine bestimmte menschliche Qualität?

Diese Fragen führen keineswegs sofort zu für die Rechtsgestaltung oder Konfliktlösung brauchbaren Symptomen, aber sie weiten das Blickfeld für symptomträchtige Phänomene, die sich dem vordergründigen Blick entziehen, jedoch in den Beziehungen und Veränderungen von Menschen ihre Spuren hinterlassen. Die Fragen machen zugleich deutlich, dass Jurist:innen, wenn sie ihren Beruf als eine sozialkünstlerische Tätigkeit begreifen, ein mindestens anfängliches Schicksalsverständnis gewinnen müssten. Wem das zu hoch gegriffen erscheint: Selbstverständlich greifen wir Juristen und Juristinnen mit unserer Tätigkeit immer in das Schicksal anderer ein: bei Ehescheidungen, bei Kündigungen, aber auch bei Vertragsgestaltungen. Nur machen wir uns das gewöhnlich nicht bewusst. Das bedeutet, dass eine Symptomatologie für uns nichts Anderes wäre als der Versuch, Schicksalserkenntnis und Schicksalsgestaltung bewusst zu machen, sodass wir nicht mehr völlig blind für die Wirklichkeiten sind, die sozialen Konflikten und sozialen Gestaltungen zugrunde liegen.

Wir können durchaus nicht nur Äußerlichkeiten wahrnehmen, sondern auch – zumindest anfänglich – die beteiligten Individualitäten und ihren Schicksalszusammenhang. Jurist:innen spielen immer Schicksal, ob sie sich das bewusst machen oder nicht. Man kann davor die Augen verschließen und jegliche Verantwortung ablehnen: Justitia ist bekanntlich blind. Aber das ist nicht die Zukunft des Rechts. Je mehr Jurist:innen den anderen Menschen und ihren Schicksalen gerecht werden wollen, desto mehr brauchen sie neue Wahrnehmungsfähigkeiten. Und diese sind auch nützlich, wenn wir vom Schuldrecht zum Verantwortungsrecht kommen wollen. Wie erwerben wir uns diese Wahrnehmungsfähigkeiten?

7.

Wahrnehmung und Empathie oder: Wie entsteht ein Urteil?

Der an einer Privatschule angestellte Sportlehrer Malte Maus wird beschuldigt, ein Mädchen der siebten Klasse, nennen wir sie hier mal des Wortspiels wegen Katja Katz, sexuell belästigt zu haben. Die Eltern Katz zeigen ihn an, es wird Anklage erhoben und wenige Wochen später steht Maus vor dem zuständigen Amtsrichter. Die Staatsanwaltschaft hält den Vorwurf für bewiesen, weil Katja selbst vernommen wurde und den in der Anzeige der Eltern dargestellten Sachverhalt bestätigt hat. Maus bestreitet die Vorwürfe. Der Richter vernimmt ihn und Katja sowie zwei Mitschülerinnen. Letztere sagen aus, sie wüssten von dem Übergriff, weil Katja das erzählt habe, hätten aber selbst nichts gesehen.

Im Falle der Verurteilung droht Maus nicht nur eine empfindliche Geldstrafe, sondern auch die Kündigung des Arbeitsverhältnisses seitens des Schulträgers und ein Eintrag im Führungszeugnis, was ihm die Fortsetzung seiner Lehrtätigkeit faktisch unmöglich machen würde. Wie bildet sich der Richter sein Urteil?

Die landläufige Vorstellung davon ist wohl, dass Richter:innen sich mit dem Sachverhalt beschäftigen, bis sie überzeugt sind, diesen einigermaßen aus den unstreitigen und den streitigen Darstellungen der Parteien herausgefiltert zu haben, und dass sie dann diesen Sachverhalt unter die bestehenden Gesetze subsummieren. So jedenfalls wird es uns Jurist:innen auch in der Ausbildung als Methode beigebracht. Nur: Wie in dem Beispielsfall bleibt in vielen Fällen offen, was nun tatsächlich geschehen ist. Dafür gibt es dann Prozessregeln, die der Rechtssicherheit dienen und dem Richter oder der Richterin den Weg zum „richtigen" Urteil zeigen. Also im Beispielsfall die Regel: Im Zweifel für den Angeklagten.

Aber spielt sich denn die Urteilsfindung von Richter:innen wirklich so ab? Und im Vergleich, wie bilden wir denn im Alltag Urteile? Gewöhnlich geht das blitzschnell:

Ich werde mit einem Menschen, den ich vorher noch nie gesehen habe, bekannt gemacht und stelle fest: Der ist sympathisch. Oder: Der gefällt mir nicht, der ist irgendwie „komisch". Oder sogar: Der sollte sich mal therapeutische Hilfe suchen!

Wieder im Blick auf das Beispiel: Im Gespräch erzählt mir ein Bekannter, dass der Sportlehrer Maus gegenüber einer Schülerin sexuell übergriffig gewesen sei, und ich sage: Das glaube ich nicht! Oder: Na, bei dem Maus wird da wohl schon was dran sein.

Was oder wer bildet denn da in mir solche Urteile? Sicher nicht eine sorgfältige gedanklich saubere Analyse, denn dafür entstand das Urteil viel zu schnell. Mein Verstand ist bis zur Entstehung des Urteils noch gar nicht in Aktion getreten. Wenn ich den Prozess der Urteilsbildung im Nachhinein analysiere, stelle ich fest: Es war ein reines Gefühlsurteil. Meine spontane Sympathie oder Antipathie haben entschieden, ob ich etwas für wahr oder falsch halte.

Gefühlsurteile müssen nicht falsch sein. Das Gefühl ist zwar viel ungenauer und schwerer nachzuvollziehen als meine Gedanken. Diese kann ich logisch genau in allen einzelnen Denkschritten zurückverfolgen. Aber das Gefühl ist weniger irrtumsanfällig als mein Denken; nur ist es viel zu schnell! Und wenn ich darauf Urteile baue, überspringe ich einen wichtigen Schritt: Die sorgfältige Wahrnehmung!

Grundlage jeder Urteilsfindung ist auch und gerade auf dem juristischen Feld eine ausreichende Wahrnehmung der Tatsachen. Die Wahrnehmungsfähigkeit des Einzelnen ist unbegrenzt steigerungsfähig. Wie wenig wir gewöhnlich schon von den uns umgebenden äußeren Tatsachen sehen und hören, können wir leicht feststellen, wenn wir versuchen, uns an jüngst vergangene Ereignisse zu erinnern. Gewöhnlich bleiben Begriffe und Urteile im Gedächtnis, weil wir das Gesehene und Gehörte schon verarbeitet haben. Die Erfahrung zeigt: Verkehrsunfallzeugen im Prozess haben oft eine klare Meinung zur Schuldfrage, während sie Einzelheiten zum tatsächlichen Geschehen nicht beantworten können. Auch die Richter:innen tun gut daran, sich diese Wahrnehmungs- und Erinnerungsschwäche bei sich und bei anderen bewusst zu machen. Während einer Seminarveranstaltung mit etwa 30 Richterinnen und Richtern hatte ich Gelegenheit, durch die Vorgabe einer einfachen Übung ein Aufwacherlebnis hervorzurufen: Nur ein einziger Teilnehmer war in der Lage, einen Gedenkstein vor der Tagungsstätte, an dem alle bereits mindestens zehnmal oder öfter vorbeigekommen waren, zumindest annähernd zu beschreiben. Alle anderen hatten nur den Begriff Gedenkstein im Gedächtnis.

Unsere Wahrnehmungsfähigkeit ist ziemlich unbegrenzt steigerungsfähig: Wir können Genauigkeit in der Betätigung unserer Sinne üben. Statt uns mit dem Begriff „Gedenkstein" zu begnügen, können wir ihn wachen Auges wahrnehmen: Welche Form hat er, welche Farbe? Aus welchem Material ist er? Gibt es Aufschriften, Ornamente oder Ähnliches? Wie passt er sich in die Umgebung ein? Und so weiter! Ich habe in einem Seminar geübt, nach Anleitung eines niederländischen Juristenfreundes ein Bild von Rembrandt drei Stunden lang nur zu beschreiben, in allen Einzelheiten! Nach dieser Übung waren alle Teilnehmer am Ende ihrer Kräfte, aber wir hatten gelernt, dass auch in einem jahrhundertealten Gemälde noch unbegrenzt Neues zu entdecken ist, wenn wir das Urteil zunächst ausschalten und stattdessen genau und immer genauer hinsehen.

Der zweite Schritt ist nun das Urteil selbst, wenn derjenige, der zur Urteilsfindung aufgerufen ist, die (äußeren und inneren) Tatsachen kennt. Hier unterliegt man einem weit verbreiteten Irrtum, wenn man annimmt, ein Urteil müsse sich logisch ableiten lassen. Gute Urteile über soziale Verhältnisse entstehen nie aus Denkprozessen; diese sind nur Hilfsmittel. Vielmehr sind hier Gefühle und ihre Steigerung, Inspirationen, gefragt. Im Bild: Justitia wägt ab, d.h. sie berücksichtigt alles, was ihr über die Tatsachen bekannt ist und – dies ist die eigentliche Bedeutung ihrer Augenbinde – richtet den Blick nach innen, wo Gefühle zu Wahrnehmungsorganen werden, wenn sie entsprechend geschult werden.

Natürlich sind nicht sentimentale Anwandlungen gemeint, wenn hier von Gefühlen die Rede ist. In diesem Bereich wird es auch noch auf lange Sicht wichtig sein, dass ausreichende Regeln der Rechtssicherheit vorgegeben sind, damit Willkürurteile vermieden werden: Menschenrechte und Grundfreiheiten sowie angemessene Prozessregeln müssen dafür sorgen, dass jedem bewusst ist, wo sein Gefühlsurteil mit der Rechtssicherheit im Widerstreit steht. Und nur wo er sich aus eigener Verantwortung vor seinem Gewissen ganz sicher ist, darf er die allgemeine Basis der Rechtssicherheit verlassen. Jedes Urteil ist auch ein Abwägen zwischen Rechtssicherheit und Gerechtigkeit, mit dem Risiko des Fehlurteils. Aber vor der Verantwortung, überhaupt abzuwägen, wird in Zukunft kein Richter und keine Richterin zurückschrecken dürfen, wenn nicht die Rechtsprechung zu einer computergesteuerten Maschinerie werden soll.

Justitia trägt in ihrer linken Hand die Waage, in der rechten jedoch ein Schwert. Dieses symbolisiert, dass alles Recht untrennbar mit Macht verbunden ist.

Jurist:in sein heißt daher auch: Für Gerechtigkeit eintreten, wo sie gefährdet ist oder unterdrückt wird – auch im Einzelfall durch die, allgemein zweifellos notwendige, Rechtssicherheit. Notfalls darf Recht neu erfunden werden, wo bestehendes Recht versagt. Innerlich abwägen und äußerlich etwas wagen – das sind die Anforderungen an Jurist:innen in Zukunft. Beides verlangt die Ausbildung von Herzenskräften.

Auf das so für richtig empfundene Urteil folgt dann – als dritter Schritt – die Begründung desselben. Diese ist ein gesonderter Schritt, der zur Urteilsfindung dazu gehört und verlangt in hohem Maße gedankliche Klarheit und Logik, aber auch Imaginationsfähigkeit. Denn eine gute Begründung des Urteils macht dieses erst sozialverträglich. Insoweit ist die Zeit der oben in Kapitel 4 erwähnten Amtsrichter:innen vorbei, die oft nur einen Satz zur Begründung ihrer Urteile benötigten. Heute verlangt das Bewusstsein der Rechtsuchenden, dass sie die Urteilsfindung nachvollziehen können. Niemand akzeptiert mehr eine gottgegebene Autorität kraft Amtes, sondern nur noch eine Autorität, die sich durch ihre Kompetenz erweist. Auch dies ist ein wichtiges Übungsfeld für moderne Jurist:innen.

Ein Urteil ist *gerecht*, wenn es dem Gefühl des Urteilenden gerecht wird; ein Urteil vermittelt uns *Vertrauen*, wenn es gut begründet ist. Aber immer vorausgehen muss eine wirklich sorgfältige Wahrnehmung der Tatsachen. Wahrnehmung, Empathie und Logik sind die Schritte, die uns befähigen, mehr und mehr den sicheren (aber brüchigen) Boden des Schuldrechts zu verlassen und uns – zunächst nur zeitweise oder in juristischen Nischen – auf das Abenteuer Verantwortungsrecht einzulassen. Und wie könnte das dann aussehen?

8.

Vom Schuldrecht zum Verantwortungsrecht[17]

Wie schon[18] beschrieben liegt die letzte Revolution des Rechts weit zurück: mehr als 2000 Jahre. Die Schauplätze waren damals Athen und Rom. In Griechenland, zu Zeiten der genialen Staatslenker und Rechtsgelehrten Solon und Drakon (etwa 600 v. Chr) wurde der einzelne Mensch erstmals in der Geschichte vom Rechtsobjekt zum selbst handelnden Rechtssubjekt. Er besitzt seitdem individuelle Rechte und Pflichten, was zuvor nur den Herrschern und Priestern vorbehalten war. In Rom (ab 450 v. Chr.) erhielten die Bürger individuelle Bürgerrechte und subjektive Klagerechte. Das galt natürlich zunächst nur für einen kleinen Teil der Bevölkerung; die Sklaven blieben juristisch betrachtet „Sachen", wie heute noch die Tiere. Aber immerhin: Der *Civis Romanus*, der römische Bürger, war ein unter dem Schutz des Rechts stehendes Individuum. Als neue juristische Instrumente

---

17 Überarbeitung des Artikels *Recht schaffen statt Recht gestalten*, Zeitschrift Info3, Januar 2017

18 Oben Kapitel 3

wurden das Eigentums- und das Erbrecht entwickelt. Aus der Rechtsprechung in Rom entstand das sogenannte Schuldrecht, das bis heute die Grundlage unseres Zivilrechts ist.

Anspruch und Schuld sind die Eckpfeiler des heutigen Rechts geworden. Wer einen Anspruch hat, kann sich darauf verlassen, dass er ihn auch rechtlich durchsetzen kann. Wer eine Schuld hat, muss diese einlösen.

Das römische Recht gab und gibt uns auch heute noch Rechtssicherheit, ein wichtiges und hohes Gut für alle Demokratien: Jeder kann sich auf Recht und Gesetz verlassen.

Aber das Schuldrecht stößt heute an seine Grenzen. Beispiele:

- Rechtsansprüche haben sich potenziert und sind weitgehend nicht mehr erfüllbar. Allein die Versorgungsansprüche an Rentenversicherungsträger und Krankenkassen wachsen immens. Es wird deutlich, dass realistischerweise mittelfristig nur noch eine Grundsicherung garantiert werden kann und dass alle Zusagen darüber hinaus als Rechtsansprüche nicht mehr erfüllbar sein werden. Dabei ist noch gar nicht berücksichtigt, dass durch die Aufnahme der zahlreichen Geflüchteten in Deutschland und Europa weitere unbezahlbare Versorgungsansprüche entstehen können, wenn die Integration nicht überraschend schnell und nachhaltig gelingt. Es droht sehr weitreichende Altersarmut. Dabei gibt es genug

Geld, nur ist es ungleich verteilt und kann auch mit den Mitteln des Schuldrechts nicht, jedenfalls nicht ohne existenzielle Konflikte, umverteilt werden.

- Eine dramatische Herausforderung wird die Herstellung einer neuen Sicherheitsarchitektur in Europa nach dem Ukrainekrieg sein: Dass Rechte und Pflichten im Kriegsfall wenig wert sind, ist offensichtlich. Weder hat sich die Ukraine an die Vereinbarungen aus Minsk II gehalten noch schert sich Putin um das Verbot von Angriffskriegen oder um die Regeln des humanitären Völkerrechts. Die allseits beschlossenen Aufrüstungen verschärfen die Situation: ein neuer langandauernder (kalter?) Krieg droht. Es wird viel Mühe und diplomatische Arbeit kosten, wieder ein einigermaßen haltbares Gleichgewicht der Kräfte herzustellen – und auch das wird nur mit gegenseitigem Vertrauen und großer Verantwortlichkeit auf allen Seiten gehen.
- Die Zahl der ganz alltäglichen Rechtsstreitigkeiten wächst unaufhörlich. Heute will fast jeder, der sich „im Recht" fühlt, dieses Recht auch durchsetzen. „Dummerweise" fühlt sich auch der Kontrahent „im Recht", und so vermehrt sich die Zahl der Prozesse in Deutschland ständig. Das gilt für alle Rechtszweige: für das Zivilrecht, das Arbeitsrecht, Sozialrecht, Steuerrecht und Verwaltungsrecht. Die Gerichte sind notorisch überlastet, und es dauert oft Jahre oder gar Jahrzehnte bis es zu rechtskräftigen Entscheidungen kommt. Sinnvollerweise entwickelt sich hier inzwi-

schen eine alternative Streitkultur, mehr oder weniger erfolgreich, z. B. in Form von Schieds- oder Ombudsverfahren, obligatorischen Streitschlichtungen und Mediationen. Aber da diese Instrumente alle auf die Erarbeitung von sinnvollen, auf die Zukunft gerichteten Lösungen ausgelegt sind, lösen sie nicht das Bedürfnis der Streitparteien, bestätigt zu bekommen, dass sie „im Recht" sind und ihre Ansprüche durchsetzen können.

Wir brauchen also eine neue Rechtskultur. Wie könnte eine solche aussehen?

Artikel 1 des deutschen Grundgesetzes lautet: *Die Würde des Menschen ist unantastbar. Sie zu achten und zu schützen ist Verpflichtung aller staatlichen Gewalt.* Das formuliert keinen Zustand und keine Ansprüche, sondern eine Möglichkeit und zugleich eine Herausforderung, den darin liegenden Freiraum verantwortlich zu gestalten. Diese Herausforderung kann die Grundlage für eine neue Rechtskultur werden: eine Verantwortungskultur: Bindende schuldrechtliche Verpflichtungen werden abgelöst durch Verantwortung. Schuldrechtliche Ansprüche werden abgelöst durch Vertrauen des Rechtspartners. Neben das Schuldrecht mit seinen Instrumenten *Schuld* und *Anspruch* tritt das Verantwortungsrecht mit den Instrumenten *Verantwortung* und *Vertrauen*.

Die Verantwortungskultur im Recht hat schon begonnen, und zwar 1977 bei der Novellierung des Eherechts in Deutschland mit der Ablösung des Schuldprinzips

(Schuld am Scheitern der Ehe) durch das Zerrüttungsprinzip bei einer Scheidung. Eine Ehe kann geschieden werden, wenn sie gescheitert ist, heißt es heute im Bürgerlichen Gesetzbuch. Vor dem 1. Juli 1977 war eine Scheidung nur bei Feststellung der Schuld eines Ehepartners oder beider Ehepartner möglich. Wurde man schuldig geschieden, gab es keine Chance, die elterliche Sorge zu bekommen. Auch Unterhaltszahlungen blieben aus. Das hatte zur Folge, dass vor Gericht viel schmutzige Wäsche gewaschen wurde. Trennungswillige belogen das Gericht. Seitdem gilt, kurz gefasst, bei einer Scheidung: Wer von den Ehepartnern die Kinder besser versorgen kann, erhält das Sorgerecht; wer bedürftig ist, bekommt Unterhalt; wer nicht ausreichend versorgt ist, erhält einen Versorgungsausgleich – alles Elemente des neuen Verantwortungsrechts: Mit Eingehen der Ehe verschulde ich mich nicht mehr gegenüber dem Partner, sondern übernehme Verantwortung für sie bzw. ihn, erwerbe ich nicht mehr Ansprüche, sondern vertraue darauf, dass der Partner sich mir gegenüber verantwortlich verhält.

Wie lässt sich eine Rechtskultur der Verantwortung in unser derzeitiges Rechtssystem implementieren, ohne dass die Errungenschaften des Schuldrechts – also Rechtssicherheit und Ordnung – verloren gehen? Es gibt neben dem schon genannten Beispiel des Eherechts noch weitere Gesetzesbestimmungen, die in Richtung Verantwortung und Vertrauen formuliert sind, z. B. § 1 Straßenverkehrsordnung, wo es heißt: „*Die Teilnahme am Straßenverkehr erfordert ständige Vorsicht und gegen-*

seitige Rücksicht. Wer am Verkehr teilnimmt hat sich so zu verhalten, dass kein Anderer geschädigt, gefährdet oder mehr, als nach den Umständen unvermeidbar, behindert oder belästigt wird", oder § 1 Sozialgesetzbuch (SGB) VIII zur Kinder- und Jugendhilfe: *„Jeder junge Mensch hat ein Recht auf Förderung seiner Entwicklung und auf Erziehung zu einer eigenverantwortlichen und gemeinschaftsfähigen Persönlichkeit. Pflege und Erziehung der Kinder sind das natürliche Recht der Eltern und die zuvörderst ihnen obliegende Pflicht. Über ihre Betätigung wacht die staatliche Gemeinschaft"*. Oder auch Artikel 14 Abs. 2 Grundgesetz (GG) mit dem lapidaren, aber inhaltsschweren Satz: *Eigentum verpflichtet. Sein Gebrauch soll zugleich dem Wohle der Allgemeinheit dienen.* Dieser viel interpretierte, aber bisher wenig praxisrelevante Programmsatz des Grundgesetzes wird im Kontext der Verantwortungskultur erst richtig verständlich: Zu Zeiten der Griechen und Römer kam es für die Entwicklung des Rechtsbewusstsein darauf an, mit Eigentum die Individualität zu stärken; heute sind wir individuell genug und haben viel mehr die Aufgabe (wieder) gemeinschafts- und gesellschaftsfähig zu werden, also auch das uns anvertraute Eigentum so zu handhaben, dass sein Gebrauch zugleich dem Wohl der Allgemeinheit dient.

Noch ein Beispiel: Artikel 4 Abs. 3 GG enthält das Grundrecht auf Gewissensfreiheit: *Niemand darf gegen sein Gewissen zum Kriegsdienst mit der Waffe gezwungen werden.* Das ist eine interessante Variante der Verantwortungskultur: Mein Gewissen als Maßstab für Richtig und Falsch, Gut und Böse. Im Rahmen des runden Tisches am Ende der DDR-Zeit wurde diese Gewissensfreiheit in bemerkenswerter Weise aufgegriffen und zum allgemeinen Rechtssatz ausgebaut: Artikel 11 des Verfassungsentwurfs des Runden Tisches lautete: *Die Freiheit des Gewissens ist gewährleistet. Widerstreitet das Gewissen staatsbürgerlichen oder bürgerlichen Pflichten, so muss der Bürger, wenn er diese Pflichten nicht erfüllen will, andere Leistungen anbieten und der Staat andere, gleichbelastende Pflichten eröffnen.*

Ist das nicht ein interessanter Gedanke des Verantwortungsrechts? Wenn die eine oder andere staatsbürgerliche Pflicht gegen mein Gewissen verstößt, muss ich sie nicht erfüllen, aber als Kompensation der Gemeinschaft andere (gleichwertige) Leistungen anbieten. Mögliches Beispiel: Möchte ich Steuern für Atomstrom nicht bezahlen, dann kann (und muss) ich anbieten, selbst in vergleichbarem Umfang ökologisch vertretbare Energie zu erzeugen. Leider ist dieser Gedanke des Verfassungsentwurfs des Runden Tisches bisher nirgendwo rechtlich relevant geworden und der Verfassungsentwurf selbst ist schnell in der Euphorie der Wiedervereinigung in der juristischen Versenkung verschwunden. Aber der Rechtsgedanke des Artikels 11 ist es wert, in einer Verantwortungskultur als juristische Methodik aufgegriffen zu werden.[19]

19 http://www.documentarchiv.de/ddr/1990/ddr-verfassungsentwurf_runder-tisch.html (Abgerufen am 20.01.2024)

An einem weiteren Beispiel wird sichtbar, dass es in unserer heutigen Gesellschaft rechtliche Fragen gibt, die schuldrechtlich nicht mehr zu lösen sind: Im Februar 2006 erklärte das Bundesverfassungsgericht[20] § 14 Abs. 3 des sogenannten Luftsicherheitsgesetzes für verfassungswidrig: also die Vorschrift, die die Streitkräfte ermächtigen sollte, Luftfahrzeuge abzuschießen, die als Tatwaffe gegen das Leben von Menschen eingesetzt werden. Diese Entscheidung hat eine besondere Brisanz: Es ging ja dem Gesetzgeber darum, in Notsituationen, vergleichbar mit der des 11. September 2001 in New York, die dafür zuständigen Organe des Staates zu ermächtigen, Flugzeuge notfalls abzuschießen – natürlich nur als *ultima ratio* im äußersten Notfall, wenn dadurch andere Menschenleben gerettet werden können. Dem Bundesverfassungsgericht kam es bei seiner Entscheidung nun darauf an, dem Gesetzgeber klarzumachen, dass er nicht einfach diese Ermächtigungsgrundlage zu weit oder zu ungenau oder sonst irgendwie falsch kodifiziert habe, sondern dass ein rechtliches Dilemma vorliegt:

Dem Staat ist es im Hinblick auf dieses Verhältnis von Lebensrecht und Menschenwürde einerseits untersagt, durch eigene Maßnahmen unter Verstoß gegen das Verbot der Missachtung der menschlichen Würde in das Grundrecht auf Leben einzugreifen. Andererseits ist er auch gehalten, jedes menschliche Leben zu schützen.

---

20 Urteil vom 15. Februar 2006 (1 BvR 357/05)

Das Motiv des Gesetzgebers war es, Eingriffe in Notsituationen zu legitimieren. Aber das Bundesverfassungsgericht wandte sich gerade gegen dieses Rechtsverständnis:

Für das Gericht ist es unter der Geltung des Art. 1 Abs. 1 GG schlechterdings unvorstellbar, auf der Grundlage einer gesetzlichen Ermächtigung unschuldige Menschen, die sich wie die Besatzung und die Passagiere eines entführten Luftfahrzeugs in einer für sie hoffnungslosen Lage befinden, gegebenenfalls sogar unter Inkaufnahme solcher Unwägbarkeiten vorsätzlich zu töten.

Damit postulierte das Gericht durchaus nicht, dass es in jeder Situation undenkbar sei, ein als Waffe umfunktioniertes Flugzeug abzuschießen, wenn es keine andere Möglichkeit mehr gibt, eine größere Katastrophe zu verhindern. Es betonte vielmehr nur, dass dies nicht auf *gesetzlicher* Grundlage geschehen könne. Das Bundesverfassungsgericht stellte damit die Verantwortung des einzelnen Menschen höher als das Gesetz. Und das ist konsequent, wenn man Artikel 1 GG ernst nimmt. Zugleich macht es deutlich, dass Verantwortung viel mehr ist, als dass wir uns im Rahmen der Gesetze ordnungsgemäß verhalten: Wer Verantwortung ernst nimmt, kann sich eben nicht auf das Gesetz zurückziehen und damit seine Verantwortung an den Staat abgeben. Nein: Wer Verantwortung hat, muss auch bereit sein, persönliche Schuld auf sich zu nehmen, wenn er in einer ausweglosen Lage eine Entscheidung treffen muss, die nur falsch sein kann, weil es keinen Ausweg mehr gibt. Das heißt:

Wenn noch einmal jemand – was Götter und Menschen verhüten mögen – in die Lage kommen sollte, ein Flugzeug abzuschießen und Menschen töten zu müssen, um andere zu retten, dann muss er das auf eigene Verantwortung tun und nicht, weil es vom Gesetz legitimiert ist.

Der Schriftsteller und Strafverteidiger Ferdinand von Schirach thematisiert folgendes Beispiel in seinem vielgespielten Bühnenstück *Terror*: Ist der Kampfjet-Pilot, der ein von Terroristen gekapertes Flugzeug mit 164 Fluggästen abschießt, um zu verhindern, dass es in die mit 70 000 Menschen gefüllte Allianz-Arena gelenkt wird, strafrechtlich zur Verantwortung zu ziehen? Schirach macht als Autor alle Zuschauer im Saal zu Schöffen und überlässt ihnen per Abstimmung die Entscheidung. Dabei ist zweierlei interessant: bei (Stand 20.12.2023) 2823 Aufführungen des Stückes entschied sich in 92,6 % der Abstimmungen die Mehrheit für Freispruch, und zwar wegen eines für den Piloten angenommenen „übergesetzlichen Notstands“. Aber die Ergebnisse waren immer knapp: Bei allen Aufführungen zusammen gab es insgesamt 63,7 % der Stimmen für Freispruch, 36,3 % für Verurteilung[21]. Was eben auch verdeutlicht, dass ein solches Problem nicht mit den Begrifflichkeiten des bisher geltenden Schuldrechts lösbar ist: Ein „übergesetzlicher Notstand“ ist immer Ausdruck dafür, dass

21 https://terror.theater/cont/results_main/de (Abgerufen am 20.01.2024)

der Einzelne seine Verantwortung auszuüben hat und er sich nicht mehr auf Gesetzen oder Geboten ausruhen kann.

Aus den vorstehenden Beschreibungen können vorläufig schon zwei wichtige Merkmale des Verantwortungsrechts skizziert werden. Das neue im Keim vorhandene und anzustrebende Recht

- schafft eher Rahmenbedingungen als inhaltliche Festlegungen, gibt Freiheit und Spielräume zur Ausgestaltung verantwortlichen Handelns, fördert eigenverantwortliche Entscheidungen
- beurteilt nicht Schuld oder Nichtschuld, sondern fördert interessengerechte Entwicklungen.

Auch und gerade in der Epoche des Verantwortungsrechts wird es natürlich Konflikte geben. Konflikte sind aber eigentlich – wenn sie sinnvoll und nachhaltig angegangen werden – immer Entwicklungschancen. Das geeignete Übungsfeld für eine neue Rechtskultur, deren Bausteine Verantwortung und Vertrauen sind, ist deshalb die Mediation, deren Methode es ist, eine Konfliktlösung zu finden, die von den Konfliktparteien selbst verantwortet wird und ausgewogen die Interessen aller Parteien berücksichtigt. Diese schaffen sich damit ihr eigenes, genau für sie passendes Recht, das ohne Präzedenz nur für den jeweiligen konkreten Konflikt gilt, und machen sich frei von den Vorgaben des geltenden Rechtssystems. Anders als in einem Gerichtsverfahren können so die wirklichen Interessen und Bedürfnisse der Beteiligten herausgearbeitet und zur Grundlage einer auf den jeweiligen Konflikt passgenau zugeschnittenen Lösung gemacht werden. Sie wird daher von den Parteien leichter akzeptiert und ist in der Regel nachhaltiger. Wichtigste Grundidee der Mediation ist die Eigenverantwortlichkeit der Konfliktparteien: Der Mediator oder die Mediatorin ist verantwortlich für den *Prozess*, die Parteien sind verantwortlich für den *Inhalt*. Dahinter steht der Gedanke, dass die Beteiligten eines Konflikts selbst am besten wissen, wie dieser zu lösen ist, und lediglich hinsichtlich des Weges dorthin Unterstützung benötigen. Jede Mediation ist also eigentlich schon per Definition eine Ausübung von Verantwortungs- und Vertrauensrecht. Denn nichts und niemand, kein Gesetz, kein Urteil, kein Schlichter oder Mediator, keine Konvention oder Moral, geben den Konfliktbeteiligten vor, was sie vereinbaren, wie sie ihren Konflikt lösen wollen.

Zur Verdeutlichung dessen diene hier die Vereinbarung nach einer Mediation zwischen zwei Arbeitskollegen im (anonymisierten) Originaltext:

1. *Jeder von uns wird sich in Zukunft bemühen, sich über die Andersartigkeit des jeweils anderen nicht zu ärgern, sondern an dieser wahrzunehmen, was jeder selbst für sich an Entwicklungsschritten gehen kann.*
2. *Wenn wir uns doch aneinander ärgern sollten, werden wir das dem anderen gegenüber aussprechen, entweder*

– wenn es die Situation erlaubt – sofort oder sonst direkt nach der Situation.

3. *Wir bitten unsere „Begleiterinnen" bei dieser Mediation, Frau A und Frau B, für unsere Zusammenarbeit in der nächsten Zeit eine Art „liebevolle Aufsichtsrat-Funktion" zu übernehmen.*
4. *Wir betrachten mit dieser Vereinbarung unseren Konflikt zunächst als erledigt und die Mediation als vorerst beendet. Sollte sich in Zukunft herausstellen, dass doch noch unerledigte Themen bestehen, werden wir die Mediation fortsetzen.*

In der Mediation, die nur auf freiwilliger Basis möglich ist, entwickelt sich die neue Rechtskultur gewissermaßen in einem geschützten Biotop. Aber dass heute schon in einem solchen Rahmen ein Recht der Verantwortung und des Vertrauens gestaltet werden kann, deutet darauf hin, dass bald auch im allgemeinen Rechtsverkehr in unserer Gesellschaft ein Bewusstseinswandel möglich werden dürfte, der es uns erlaubt, mit Methoden des Verantwortungsrechts die bisher (mit dem Schuldrecht) nicht lösbaren Probleme anzugehen. Und wer weiß: vielleicht finden wir dann auch leichter Wege, Geflüchteten zu integrieren und den Schuldnerländern zu helfen?

Wir werden uns daran gewöhnen müssen, dass es eine offene Gesellschaft nur gibt, wenn wir selbst Verantwortung übernehmen, gegenseitiges Vertrauen entwickeln und Recht nicht beanspruchen, sondern selbst schaffen.

Mit welchen Kräften gehen wir da um? Im nächsten Kapitel wird beschrieben, welche Kräfte dabei beherrscht werden sollen.

9.

Bilder zum Verantwortungsrecht in Goethes Faust[22]

Goethe war von der Ausbildung her Jurist; er übte diesen Beruf vier Jahre lang als Rechtsanwalt aus und später noch einmal als Mitglied in dem „Geheimen Consilium", einem dreiköpfigen Beratergremium des Herzogs Karl August in Weimar. Bereits in seiner Disputation 1771 beschäftigte er sich mit der Frage, ob eine Kindsmörderin zum Tode verurteilt werden sollte. Einer der spektakulärsten Strafrechtsfälle seiner Zeit, in dem es um die Kindsmörderin Susanna Margarethe Brandt ging, fand zur gleichen Zeit in Frankfurt statt:

Susanna Margarethe Brandt ist Kind eines Soldaten, ein Waisenkind. Als Dienstmagd arbeitet sie in der Frankfurter Herberge „Zum Einhorn" der Witwe Bauer, als sie dort kurz vor Weihnachten 1770 einen Goldschmiedegesellen kennenlernt. Er verführt sie. „Es sei ihr so seltsam zumute geworden, sie habe sich nicht mehr erwehren können, der

22 Überarbeitung des Artikels *Gretchen aus dem Kerker befreien*, Zeitschrift Das Goetheanum Nr. 37 vom 8. September 2017

Teufel müsse seine Hand im Spiel gehabt haben", steht in den Akten. Ein paar Tage später zieht der Mann weiter und wird nie mehr gesehen. Und Susanna Margarethe Brandt ist schwanger.

Sie versucht, ihre Schwangerschaft zu verheimlichen. Die Wirtin und Susannas Schwestern ahnen etwas; die zwei Ärzte, die sie aufsucht, bemerken nichts. Am 1. August 1771 bringt Susanna Brandt in der Waschküche der Witwe Bauer einen Buben zur Welt. Es ist eine Sturzgeburt. Das Kind sei mit dem Kopf auf den Steinboden gefallen, sagt sie, in Panik habe sie es am Hals gegriffen, das Kind habe nur kurz geröchelt. Sie habe es dann im Stall verborgen. In Angst flieht sie aus der Stadt, kehrt am nächsten Tag zurück und wird verhaftet. Fünf Tage später findet man den Leichnam des Kindes.

Susanna Margaretha Brandt wird zum Tod durch das Schwert verurteilt, ein Gnadengesuch wird abgelehnt. Am 14. Januar wird sie hingerichtet. Sie ist 24 Jahre alt.

Unter den Prozessbeobachtern ist ein junger Rechtsanwalt, sein ehemaliger Hauslehrer ist Gerichtsschreiber und ein Onkel gehört dem Gericht an. Der Anwalt lässt sich Abschriften der Akten anfertigen und verarbeitet Susanna Brandts Schicksal literarisch. Als Gretchen im *Faust* macht Johann Wolfgang Goethe die junge Kindsmörderin Susanna Margaretha Brandt unsterblich.

Auch später beschäftigte sich Goethe noch einmal mit dem Thema des Kindsmordes. Im Falle der Dienstmagd Johanna Catharina Höhn, die ebenfalls ihr Kind getötet hatte, fragte der zuständige Weimarer Richter die drei Mitglieder des „Geheimen Consiliums" um Rat, ob das Urteil tatsächlich auf Todesstrafe lauten soll. Goethe antwortete darauf:

Da das Resultat meines unterthänigst eingereichten Aufsatzes mit beyden vorliegenden gründlichen Voti völlig übereinstimmt, so kann ich um so weniger zweifeln selbigen in allen Stücken beyzutreten, und zu erklären daß auch nach meiner Meinung räthlicher seyn mögte die Todesstrafe beyzubehalten.

Der Gesetzgeber sah damals für den Kindsmord, den er aus religiösen Gründen als besonders verwerflich betrachtete, die Todesstrafe vor. Goethe befürwortete – gegen die Intention des Herzogs – die Todesstrafe. Er zeichnete das Urteil mit seiner Paraphe ab. Am 28. November 1783 wurde die 24-jährige Dienstmagd Johanna Catharina Höhn in Weimar wegen der Tötung ihres neugeborenen Kindes hingerichtet.

Auch Goethes „Gretchen" wird zum Tode verurteilt und hingerichtet. Aber Faust selbst? Ihm geschieht offensichtlich nichts; es bleibt offen, ob er überhaupt strafrechtlich verfolgt wird oder nicht. Dabei begeht er doch fortwährend Taten, die durchaus fragwürdig und verwerflich sind und auch strafrechtlich von Bedeutung sein könnten. Er verführt eine 14jährige Jugendliche, verabreicht ihrer Mutter einen „Schlaftrunk", dessen Herkunft er nicht näher überprüft hat, mit dem Ergebnis, dass die Mutter daran stirbt. Er tötet Valentin, den Bruder Gretchens. Und im zweiten Teil am Ende des Dramas beauftragt er Mephisto, ein altes Ehepaar, Philemon und Baucis, das ihm im Wege ist, mit Gewalt umzusiedeln: *So geht und schafft sie mir zur Seite; das schöne Gütchen kennst Du ja, das ich den Alten ausersah.* Mit dem Ergebnis, dass auch Philemon und Baucis getötet werden.

Hat Goethe das nicht alles ziemlich ungerecht und moralisch kaum vertretbar angelegt? Hätte nicht Gretchen straffrei bleiben müssen und stattdessen Faust, der mit dem Teufel im Bunde ist, angemessen verurteilt werden müssen? Und wie wären Gretchen und Faust heute zu beurteilen?

Wer von uns würde heute eine 24jährige – sagen wir – Kassiererin im Supermarkt, die ihr Kind nach ungewollter Schwangerschaft in einem Verzweiflungsakt – wie Gretchen – umbringt, zum Tode verurteilen? Oder zu lebenslanger Haft? Oder überhaupt zu einer Strafe? Und Faust?

Seine Verführung Gretchens würde straffrei bleiben. Denn nach heutigem Recht (§ 176 Strafgesetzbuch, StGB) ist sexueller Verkehr mit Minderjährigen nur strafbar, wenn es sich um Kinder unter 14 Jahren handelt. Gretchen war aber schon 14 Jahre alt. Da hätte er also Glück!

Aber hat Faust – juristisch gesprochen „mit bedingtem Tötungsvorsatz" – mittels Gretchen als „Werkzeug" ihre Mutter mit einem Schlaftrunk betäubt und dadurch ihren Tod bewirkt? Hätte er wissen müssen, dass ein Schlaftrunk, dessen Wirkung er selbst nicht kannte, tödlich sein konnte?

Und hat er den Bruder Gretchens, Valentin, ermordet? Oder kann man ihm Notwehr zubilligen, weil Valentin ihn angegriffen hat?

Hat er schließlich den Tod von Philemon und Baucis billigend in Kauf genommen, also wieder mit bedingtem Vorsatz gehandelt, als er Mephisto beauftragte, die beiden Alten „zur Seite zu schaffen“? Hätte er – schon aus den bis dahin gemachten Erfahrungen – wissen müssen, dass Mephisto bei einem solchen Auftrag nicht zimperlich hinsichtlich der Mittel sein würde?

Das ist interessant: In allen drei Fällen wird man beides vertreten können: Faust zu verurteilen oder ihn freizusprechen. Ob ihm hinsichtlich Gretchens Mutter und hinsichtlich Philemon und Baucis tatsächlich ein bedingter Tötungsvorsatz unterstellt werden kann, wird man genauso heftig diskutieren können, wie die Frage, ob er Valentin in Notwehr getötet hat. Das zeigt: Goethe hat die Figur des Faust so angelegt, dass er hinsichtlich seines rechtlichen und moralischen Handelns immer auf einem schmalen Grat wanderte.

Warum ist das so? Und warum will der Zuschauer, dass Faust am Ende doch erlöst wird – so sehr er sich auch moralisch und vielleicht auch rechtlich verwerflich benommen hat?

Goethe selbst lässt das größte Dilemma des Rechts durch Mephisto treffend folgendermaßen beschreiben:

Es erben sich Gesetz und Rechte
wie eine ewge Krankheit fort;
sie schleppen von Geschlecht sich zum Geschlechte
und rücken sacht von Ort zu Ort.
Vernunft wird Unsinn, Wohltat Plage:
Weh dir, daß du ein Enkel bist!
Vom Rechte, das mit uns geboren ist,
von dem ist leider nie die Frage.[23]

Das bedeutet: Recht ist eigentlich immer nur dann wirklich passend, wenn es dem jeweiligen Bewusstsein der Zeit, also dem der „Enkel" entspricht, sonst leben wir mit dem Recht der „Großväter". Das bisher herrschende Schuldrecht – also das Recht unserer „Großväter" in Rom und Griechenland – basiert auf den Werkzeugen *Anspruch* und *Schuld.*

Anspruch und Schuld, oder anders genannt: Recht und Pflicht haben interessanterweise Eigentendenzen: Ansprüche reizen den Menschen zur Hybris, zur Illusion, zur Selbstliebe. Die geistige Qualität, die hinter dem egoistischen Anspruchsdenken steht, und die Steiner „Luzifer" nennt, flüstert uns heutigen Bürgern ständig zu: Mach Deine Ansprüche geltend, verzichte auf nichts. Es ist egal, ob Du etwas brauchst oder nicht, denn es steht Dir doch zu!

Und die andere Kraft, die hinter der Schuld steht, von Steiner „Ahriman" genannt, sagt uns: Du musst allen

23 *Faust 1*, Studierzimmer. (Mephistopheles)

Anordnungen Folge leisten, alle Pflichten, die Dir auferlegt werden, erfüllen – gleichgültig, ob sie sinnvoll sind oder nicht.

Nun ist aber ausgerechnet das Gebiet des Rechts auch das Gebiet der Freiheit und Verantwortung für uns Menschen: Wir können „Luzifer", also die Welt der Ansprüche und Illusionen, erlösen, indem wir die Selbstliebe nach und nach – so wie wir es im Laufe unserer Entwicklung vermögen – umwandeln in Nächstenliebe. Dadurch entsteht Verantwortung statt Pflicht. Nicht ein vorgestellter moralischer Imperativ leitet uns im Rechtsleben, sondern der eigene Impuls, Verantwortung zu übernehmen.

Und wir können „Ahriman", also die Welt der unendlichen Mühen und Pflichten, erlösen, indem wir die Kälte, die Berechenbarkeit des Lebens nach und nach umwandeln in ein vertieftes Verständnis unserer sozialen Umwelt, in ein bewusst erarbeitetes Vertrauen.

Recht entwickelt sich zwar langsam, aber in Sprüngen. Und heute leben wir in einer Zeit, die dringend einen radikalen Umbruch erfordert, der das bestehende Recht wieder an das aktuelle Bewusstsein der Menschen im 21. Jahrhundert anschließt. Faust ist in all seiner Unvollkommenheit zusammen mit seinem „Gesellen" Mephisto ein Symbol für den anstehenden Umschwung des heutigen Rechtsbewusstseins.

Die Figur des Faust ist – von Goethe zutreffend vorausgesehen – sehr ähnlich dem Menschen der heutigen Zeit, wie er sich eingezwängt fühlt in die Konventionen und bürgerlichen Sitten, und nicht zuletzt auch in das von den römischen „Großvätern“ ererbte Recht. Das führt dazu, dass er sich „der Magie ergibt“, einen „Pakt mit dem Teufel“ schließt und sich fortan gar nicht mehr um Konventionen und auch nicht mehr um das konventionelle Recht – also das Schuldrecht – schert. Er begibt sich auf einen Weg, auf dem er jeweils selbst entscheidet, was gut oder böse, richtig oder falsch, zu verantworten oder nicht zu verantworten ist. Er setzt selbst die für ihn geltenden moralischen Maßstäbe und leitet daraus ab, was rechtens ist. Das ist durchaus Verantwortungsrecht, auch wenn Faust bei den Geschehnissen im Drama nicht verantwortungsvoll, sondern zumeist eher unverantwortlich handelt. Er verführt eine 14jährige Jugendliche, verabreicht ihrer Mutter ein fragwürdiges Schlafmittel, an dem sie stirbt; er tötet den Bruder des Mädchens und stürzt sich dann – während Gretchen ihr Kind tötet und gefangen genommen wird – in die sinnlichen Freuden der Walpurgisnacht. Anschließend versucht er, seine Geliebte aus dem Gefängnis zu befreien. Im weiteren Verlauf des Dramas scheint er aber seine große Liebe schnell zu vergessen. Er bringt den Kaiser dazu, Papiergeld in Umlauf zu bringen, um die Staatsfinanzen zu sanieren, gewinnt einen Krieg für den Kaiser und wird schließlich erfolgreicher Unternehmer, indem er in großem Stil durch Trockenlegung des Meeresufers Land gewinnt. Zum vollen Genuss seines Erfolgs ist ihm ein altes Ehepaar im Wege, weil er just an dem Platz, an dem die Hütte des Paares steht, eine Aussichtsplattform plant.

Deswegen will er die Alten „umsetzen" lassen; seine Helfer jedoch töten sie einfach.

Zum Verantwortungsrecht gehört auch, dass wir frei sind, auch *un*verantwortlich zu handeln. Und dazu passt – das vermittelt uns Goethe im Bild seines Dramas – ein Teufel, der ganz anders als Luzifer und Ahriman, die Begleiter des Schuldrechts, daherkommt. Diese beiden sind jeweils sehr einseitig und sehr ernst. Dagegen ist Mephisto ein „Schalk", ein „Schelm". Er ist überhaupt nicht einseitig, sondern schlüpft perfekt in alle Rollen. Und dabei ermuntert er Faust zu Taten, die dieser ohne den Pakt mit ihm nicht gewagt hätte: die Verjüngung in der „Hexenküche", die Verführung Gretchens, den Kampf mit Valentin und so fort. Er erprobt gewissermaßen das Verantwortungsrecht und die damit neu gewonnene Freiheit, indem er lauter unverantwortliche Handlungen begeht, die er aber meint, verantworten zu können: *Es irrt der Mensch, solang er strebt.*

Im weiteren Verlauf des Dramas verändert sich die Art der Handlungen Fausts allmählich. Übermut wandelt sich zu Mut, Ungestüm zu Strategie, Leidenschaft wird zu echter Liebe. Und das, obwohl Mephisto ihn weiter inspiriert und antreibt. Dieser ist eben auch *ein Teil von jener Kraft, die stets das Böse will und stets das Gute schafft.* Vielleicht ist das ja eine zutreffende Imagination Goethes, die darauf hinweist, dass wir heutigen Menschen einen Geist wie Mephisto brauchen, um den Mut aufzubringen, in das Zeitalter des Verantwortungsrechts einzutreten. Es bedarf einer gewissen Leichtigkeit, um den sicheren Boden des Schuldrechts zu verlassen, und die verleiht uns Mephisto. Wir sollten aber die Dosis Verantwortungsrecht in unseren Rechtsgestaltungen heute noch nicht zu hoch setzen, sonst schaffen wir soziales Chaos, was auch nicht sinnvoller ist als mit veralteten und verhärteten Rechtsformen zu leben. Es geht um das richtige Verhältnis von sicherem, bewährtem Schuldrecht, (in welchem wir selbst die Waage zwischen Luzifer und Ahriman herzustellen haben), mit dem Freiheit schaffenden Verantwortungsrecht, (in dem wir aber den von Mephisto provozierten Irrtümern und Irrwegen ausgesetzt sind, die wir erkennen und aus eigener Verantwortung korrigieren müssen.)

Faust darf ja irren und streben, darf sich leichtsinnig und (im wahrsten Wortsinne) leidenschaftlich Mephisto anvertrauen. Aber er muss dann auch bereit sein, die Konsequenzen seines Handelns zu akzeptieren. Und dieser Grundsatz gilt für uns alle, die wir uns heute allmählich aus den Zwängen des alten Rechts befreien: Wir dürfen einen Pakt mit dem „Schalk" Mephisto schließen und Freiheit erproben. Aber wir sollten immer genau prüfen: Handeln wir – jeder in seiner ureigenen individuellen „Gretchentragödie" – wirklich eigenverantwortlich? Sind wir auch bereit, die Konsequenzen unserer Taten zu tragen? Oder sind wir ganz froh, wenn wir unserem je eigenen „Gretchen" unsere Schuld aufbürden, damit wir ungestört weiterstreben können?

Das bringt uns zu der Frage, wie viel individuelle Unverantwortlichkeiten wir uns leisten können, ohne die

Gemeinschaft von Menschen zu beeinträchtigen. Wie ist überhaupt das Verhältnis von Individualität und Gemeinschaft?

10.

Dialog zwischen Ich und Gemeinschaft

Das Schuldrecht geht von der einfachen Vorstellung aus, dass sich Individualität und Gemeinschaft klar definieren lassen: Die Individualität ist das, was ich als zu mir gehörig verstehe (mein Körper, mein Auto, meine Bücher etc.); sie ist egoistisch und darf es auch sein. Demgegenüber ist die Gemeinschaft die Menge von Menschen, die ich nicht als zu meinem Ich gehörig ansehe (Familie, Kommune, Kirchengemeinde, Vereinsmitglieder, Staat). Die Gemeinschaft hat demnach altruistisch zu sein und den Egoismus der vielen Individualitäten so gut wie möglich auszugleichen. Aber so einfach ist es nicht:

Die Individualität, als die wir uns mit unserem heutigen Bewusstsein empfinden (der Einfachheit halber „Ich" genannt), ist bei näherer Betrachtung kompliziert: Geist, Seele und Körper, Denken, Fühlen und Wollen – alles sind wichtige Aspekte der menschlichen Individualität; ein Blick in die eigene Seele zeigt uns ein sehr differenziertes „inneres Team" (Schulz von Thun[24]) von mög-

---

24 *Das Innere Team* – Schulz von Thun Institut (schulz-von-thun.de)

lichen und tatsächlichen Protagonisten der Individualität.

Dem stehen die verschiedensten Gemeinschaften, mit denen wir es im Laufe des Lebens zu tun haben, gegenüber: die Familie, Religions- und Weltanschauungsgemeinschaften, Klassengemeinschaften, studentische Verbindungen, Vereine und Verbände, Berufsgruppen, Freundeskreise und viele andere mehr.

Wie ist nun das Verhältnis zwischen Ich und Gemeinschaft? Traditionell dienten die einzelnen Menschen jeweils der Gemeinschaft; diese wurde als größer, edler, wichtiger empfunden als der Einzelne. Das kehrte sich im Laufe der Zeit um. Steiner bezeichnete diese Umkehrung Ende des 19. Jahrhunderts als ein „soziologisches Grundgesetz", wonach die Entwicklung der Neuzeit fordere, dass nicht mehr der Einzelne der Gemeinschaft, sondern die Gemeinschaft nunmehr dem Einzelnen diene[25].

Beides führt im sozialen Leben zu Problemen: Wo der Einzelne nur der Gemeinschaft dient, in totalitären Staaten, autoritären Familien, autokratisch geführten Unternehmen, in Sekten etc., da wird der Mensch bevormundet, in seiner Menschenwürde und in der Entfaltung seiner Persönlichkeit gehemmt. Wo die einzelnen Mitglieder einer Gemeinschaft jeweils für sich Sonderrechte und Sonderstellungen reklamieren, sind kaum lösbare Konflikte vorprogrammiert.

25 GA 31, S. 255 f.

Unsere heutige Demokratie löst dieses Dilemma damit, dass dem Staat die Rolle zugestanden wird, dass er für die Belange der Gemeinschaft eines Volkes zuständig ist, während der Einzelne – in den vom Staat gesetzten Grenzen – unsozial und egoistisch sein darf. Dieser strenge Antagonismus hat aber – wie auch immer deutlicher wird – schlimme Folgen: Einerseits berufen sich auch Diktatoren auf ihre Rolle als altruistische Staatsführer. Und andererseits fühlen wir als Staatsbürger uns unserer eigenen Verantwortung für die Gemeinschaft enthoben.

„Welches Verhalten ist demokratischer: sich ruhig verwalten zu lassen oder aktiv für die Grundrechte einzutreten?" fragt Dieter Brüll 1984 angesichts der damals sich häufenden Bürgerproteste[26]. Er legt dar, dass es ein Rückschritt der Demokratie sei, dass im Laufe des 19. Jahrhunderts „immer mehr Entscheidungen dem Staat aufgebürdet und dem Bürger abgenommen werden". Als Konsequenz daraus sieht Brüll die Protestbewegungen der Bürger im Sinne eines vom Grundgesetz[27] ausdrücklich erlaubten zivilen Ungehorsams als Teil der Demokratie, wenn drei Bedingungen erfüllt sind: Der Protest muss zeitgemäß sein, sich in die soziale Ordnung einfügen und die Würde des Menschen respektieren: „Dann

---

26 Dieter Brüll, *Bürgerproteste – Anstöße einer zeitgemäßen Demokratie?* Info3 3/1984

27 § 20 Abs. 4 GG lautet: „Gegen jeden, der es unternimmt, diese Ordnung zu beseitigen, haben alle Deutschen das Recht zum Widerstand, wenn andere Abhilfe nicht möglich ist."

ist der seine Verantwortung ergreifende Mensch unantastbar." Problematisch wird allerdings diese radikale Position Brülls, wo er sich auf Jaques Ellul[28] bezieht, der 1969 das Übertreten von Gesetzen damit rechtfertigte, dass der Mensch ein „theozentrisches Wesen" sei, „in dem sich in jedem Augenblick Gott offenbart, so dass er auch in jedem Augenblick der Einwohnung Gottes gerecht werden muss, ob das jetzt ein Gehorchen bedeutet oder ein Übertreten der Gesetze." Dass diese Begründung der Selbstverantwortung des einzelnen Menschen innerhalb der Demokratie gefährlich ist, liegt angesichts der zahllosen Kriege, die aus religiösen Gründen geführt werden, auf der Hand. Zum einen verschiebt der gläubige Fanatiker nur die Verantwortung vom Staat auf die jeweilige Religion. Und zum anderen: Wie kann denn Gott zuverlässig von Mephisto, dem Geist der Unverantwortlichkeit, unterschieden werden?

Auch ziviler Ungehorsam erfordert daher die Bereitschaft des einzelnen Menschen, jederzeit in einen Dialog mit der Gemeinschaft einzutreten.

Dabei geht es um einen wirklichen Dialog zwischen Ich und Gemeinschaft, nicht um die Vorherrschaft des Ich oder um die Vorherrschaft der Gemeinschaft. Der Mensch bemerkt, dass seine Reflexion durch die andersartigen Individualitäten in der Gemeinschaft für seine eigene Entwicklung unverzichtbar ist.

---

28 Jaques Ellul, *Autopsie de la Revolution*, Paris 1969, zitiert nach Brüll, a.a.O.

Der Mensch kann sich heute – als selbstbewusste Individualität – in jeder Lebenslage und in jedem Lebensalter in einen bewussten und gewollten Dialog mit den Gemeinschaften begeben, die ihn prägen und die er prägt, weil er ihnen angehört. Dieser Dialog macht uns deutlich, dass wir nur einen Teil von uns erkennen können, weil wir in unsere eigene Seele blicken, einen anderen ebenso wichtigen Teil jedoch nur, weil wir die Menschen, mit denen wir verbunden sind, und für die wir Verantwortung tragen, erleben. Wir erleben und erkennen in ihnen unser „Außen-Ich", das mit dem „Innen-Ich" in einen freien Dialog treten kann. Und soweit wir heute in dieser Weise mit unserem „Außen-Ich", also mit der Gemeinschaft der uns umgebenden Menschen, dialogfähig werden, gewinnen wir die Fähigkeit, soziale Konflikte frei und offen zu bewältigen. Sonst werden unlösbare Kämpfe in Familie und Beruf, werden Terror und Gewalt, ja letztlich auch Kriege, in der Gesellschaft immer mehr zunehmen. Der Dialog zwischen Ich und Gemeinschaft ist Voraussetzung für das Funktionieren einer demokratischen und „erwachsenen" Bürgergesellschaft.

Eine Kultur des Vertrauens als Grundlage für eine moderne Bürgergesellschaft erfordert ein neues Rechtsdenken und ein neues Rechtsgefühl. Heute entspricht beides noch nahezu vollständig der Tradition des römischen Rechts. Aber mit dem Bewusstsein des heutigen Menschen stimmt diese Rechtstradition nicht mehr vollständig überein. Insofern leben wir – was Rechtsgefühl und Rechtsdenken betrifft – in einer Übergangszeit.

Im Römischen Recht bedeutete Solidarität (*obligatio in solidum*), also die Übernahme von Verantwortung für die Gemeinschaft, schlicht und einfach eine besondere Form der Haftung: Mehrere Personen schulden eine Leistung so, dass jeder von ihnen die ganze Leistung zu erbringen verpflichtet ist, der Gläubiger sie aber insgesamt nur einmal fordern darf. Das Wort „Solidarität“ bezeichnet nicht die Zusammengehörigkeit der Beteiligten, sondern, dass jeder *in solidum* = auf das Ganze, für die Gesamtsumme haftet. Im Recht wird heute statt des Fremdwortes Solidarität regelmäßig der verdeutschte Begriff Gesamtschuld verwendet. Das ist charakteristisch für das römische Recht, das auch heute noch die Basis unseres Zivilrechts ist: Solidarität wird rechtlich handhabbar gemacht durch die Begründung vieler einzelner Schuldverhältnisse. Der Gesamtgläubiger hat Ansprüche gegen alle seine Schuldner auf Erfüllung der Verbindlichkeiten, der Gesamtschuldner schuldet jedem seiner Gläubiger die Erfüllung der übernommenen Pflichten. Anspruch und Schuld sind die Bausteine des römischen Rechts.

Diese schaffen die Rechtssicherheit, die wir noch weitgehend brauchen. Auch für den modernen Menschen ist es heute noch unerträglich, keinen Rechtsanspruch z. B. auf Gehalt oder auf eine Kranken- und Altersversorgung zu haben, sondern ganz auf freiwillige Leistungen angewiesen zu sein. Aber andererseits bemerken wir, dass die Sozialsysteme kollabieren, wenn alle Eventualitäten durch Rechtsansprüche abgesichert sein sollen. Und so entstehen neben den römischrechtlichen Vertragsformen schrittweise auch moderne Solidarformen, die auf den neuen Rechtsbausteinen Vertrauen und Verantwortung gründen.

Welche Fähigkeiten setzen Vertrauen und Verantwortung als Basis einer neuen Rechtskultur voraus, die Anspruch und Schuld nicht erfordert haben?

Vertrauen erfordert zunächst eine genaue Wahrnehmungsfähigkeit von der einen und Transparenz von der anderen Seite, sonst bleibt es blindes Vertrauen. Außerdem ist Vertrauen die Kunst, jederzeit in Entwicklung zu sein und sich den Veränderungen seiner (natürlichen und menschlichen) Umwelt anpassen zu können. Denn Vertrauen ist kein Rechtsanspruch, sondern eine Erwartung an den Rechtspartner, und dieser entwickelt und verändert sich auch. Und jeder Mensch befindet sich in einem sozialen Geschehen, das auch eine eigene Kraft und Geschwindigkeit hat. Auch der Realität dieses Geschehens muss er vertrauen. Wenn er diese ignoriert, stellt er sich außerhalb der Wirklichkeit.

Verantwortung erfordert innere Freiheit und zugleich Achtung der Freiheit des Anderen. Verantwortung heißt, Macht über sich selbst zu haben und sich nicht von Stimmungen, Emotionen, liebgewordenen Gewohnheiten oder Trieben leiten zu lassen. Nur solchen Menschen, die in ausreichendem Maße Kontrolle über sich selbst erworben haben, sollten auch äußere Macht und Verantwortung übertragen werden. Sie haben die Fähigkeit, Verantwortung als Dienst am Anderen und der sozialen Gemeinschaft zu verstehen und zu leben. Sie erwerben auch mehr und mehr die Fähigkeit, Konflikte als Entwicklungschancen zu erleben und zu bewältigen. Macht in diesem Sinne ist Achtsamkeit und benötigt andere Werkzeuge als diejenige äußere Macht, die mit Gewalt regiert.

Der Sinnesforscher Hugo Kükelhaus beschrieb die Fähigkeiten, die Vertrauen und Verantwortung erfordern – sehr prägnant – so:

> *Wie kann ich es ermöglichen, dass Geschehen sich ereignet?*
> *Wie bleibe ich im Umgang mit der Macht?*
> *Und die Frage: Was können wir tun? stellt sich als die ganz andere: Was kann ich tun, damit ein Wir möglich wird?* [29]

Individualität und Gemeinschaft sind in der neuen Rechtskultur zwei Seiten des Ich, die nur zusammen ein echtes „Wir", eine neue Solidarität ermöglichen. Es ist ein winzig kleiner, aber überaus wirksamer Perspektivenwechsel, der notwendig ist: Ich kann die Menschen, die mit mir privat oder beruflich verbunden sind, nicht als „Andere" betrachten, sondern als Boten meines Schicksals, als „Nächste" im Sinne der Botschaft der Bibel.

Und wie verwirkliche ich Nächstenliebe, Achtsamkeit, Verantwortung?

---

29 Hugo Kükelhaus, *Über den Umgang mit der Macht*, 1964

11.

Liebe Deinen Nächsten als Dich selbst, oder: Wie werde ich gemeinschaftsfähig?[30]

Der französische Philosoph Abdennour Bidar, selbst Muslim, schreibt unmittelbar nach den Attentaten von Paris im Jahr 2015 einen *Offenen Brief an die muslimische Welt.*[31] Darin richtet er einen aufrüttelnden Appell an den Islam: Der Mensch ist laut Koran der „Kalif" – also das individuelle Ebenbild – Gottes, nicht etwa der Sklave Gottes oder der Religion. Aber noch interessanter ist, wozu er „den Westen", also uns, aufruft:

> *Im Menschen gibt es etwas Unendliches, das ihn […] zwischen Nichts und Alles stellt, ihn zum unsterblichen König des Universums macht und zu dem Staub, der zu Staub zurückkehren wird […] Das Unendliche – man nennt es Gott oder Kosmos – ist das einzige Maß für die menschliche Maßlosigkeit.*[32]

---

30 Überarbeitung des Artikels *Liebe Deinen Nächsten als Dich selbst*, Zeitschrift Das Goetheanum Heft 50, 2020

31 Les Éditions du Crieur Public, 08/2019

32 Bidar S. 45

Der westliche Mensch, so Bidar, habe viele Rechte erworben, aber das wertvollste aller Rechte eingebüßt: das Recht auf Unendlichkeit, das Recht, sich mit der der Menschheit innewohnenden Unendlichkeit zu verbinden. Indem der westliche Mensch sich nur als Individuum entwickele, schaffe er ein „Ich ohne Wir“. Dabei sei es tatsächlich die Geschwisterlichkeit, die uns erschaffe:

Nur in einem System der Geschwisterlichkeit können wir wirklich als Menschen leben. Geschwisterlichkeit ist unser Ökosystem. Unser kleines Ich vertrocknet und stirbt, wenn es nicht mehr durch all die sichtbaren und unsichtbaren Interaktionen gespeist wird, die es an unser Gegenüber binden – das Gegenüber in sich selbst, das Gegenüber im anderen, das transzendentale Gegenüber, das wir Gottheit, Natur oder Weltenseele nennen.[33]

Dieser Aufruf Bidars macht uns „Westler“ auf einen heute unbedingt notwendigen Perspektivenwechsel aufmerksam: Wir Menschen des 21. Jahrhunderts sind heute alle längst Individuum genug! Die Selbstverwirklichung haben wir in Europa schon 2000 Jahre lang geübt und praktiziert. Wir sind alle Königinnen oder Könige geworden und beanspruchen alle Freiheiten und Rechte gleichzeitig. Was schlicht nicht geht, denn dafür

---

33 Bidar S. 47

sind wir einfach viel zu viele, und unsere Ressourcen sind nicht unerschöpflich.

Wenn ich mich voll als Individualität entfalte, tangiere ich andere und schränke deren Freiheiten und Rechte ein. Als Regierungen während der Corona-Pandemie Maßnahmen zum Schutz von Leben und Gesundheit der in der jeweiligen staatlichen Gemeinschaft lebenden Menschen ergriffen, fühlten sich viele schon dann in ihren persönlichen Freiheitsrechten eingeschränkt, wenn sie relativ harmlose Pflichten wie Händewaschen, Abstandhalten oder „Masken"-Tragen einhalten sollten. Uns heutigen Menschen fehlt durch das jahrhundertelange Training der Individualität das Gefühl dafür, dass wir immer und notwendigerweise andere Menschen verletzen oder einschränken, wenn wir unsere eigene Persönlichkeit voll entfalten.

Dabei bedarf es nur eines einfachen Perspektivenwechsels:

Wenn ich meine Individualität entfalten möchte, kann ich – so ist die herkömmliche Perspektive – meinen Geist trainieren durch Wissenserwerb, Philosophie, Meditation und vieles andere mehr. Ferner kann ich meinen Körper fit halten durch Sport, durch Joggen, Walken und andere Aktivitäten. Oder – was schon seltener geschieht – ich arbeite an meinen Emotionen und Bedürfnissen. Oder ich betreibe Yoga oder begebe mich sogar auf den anthroposophischen Schulungsweg und trainiere Geist, Leib und Seele.

Aber alles, was sich da entfaltet, ist die Persönlichkeit,

die ich morgens im Spiegel und während der zahlreichen Videokonferenzen in irgendeiner Ecke im kleinen Selbst-Bild sehe, die sich entsprechend meiner körperlichen Konstitution gut oder schlecht fühlt, die je nach meinen Erlebnissen Lust und Freude oder Schmerz und Trauer empfindet. Auf dieses Bild von unserer Individualität bin ich gewöhnlich fixiert und trachte danach, dieses Bild, also mein Image, immer besser, erfolgreicher, gesünder, fitter, klüger, aber auch aktiver, einfühlsamer, bescheidener und gütiger zu gestalten. Je besser sich dann das Image-Spiegelbild für mich anfühlt, desto zufriedener bin ich: *Liebe Dich selbst – und es ist egal, wen Du heiratest*![34]

Das alles ist ja überhaupt nicht falsch, nur reicht es heute nicht mehr aus. Natürlich muss ich meine Persönlichkeit, so wie sie mir nun mal zur Verfügung steht und was ich daraus gemacht habe, akzeptieren und lieben – das ist die erste Voraussetzung dafür, dass ich überhaupt gemeinschaftsfähig werden kann.

Aber dann gilt es, die Perspektive zu erweitern. Das beginnt mit der Frage: Warum ist es eigentlich wichtiger, dass es mir gut geht und dass ich Erfolg habe, als dass es meinem Partner oder meiner Partnerin gut geht, meinen Kindern, meinen Eltern, meinen Freunden? Und dass mein Arbeitskollege Erfolg hat? Wer diese Frage abtut und behauptet, das sei ja gar nicht so oder es treffe

34 Ein wunderbarer Buchtitel der Autorin und Beziehungsberaterin Eva-Maria Zurhorst. Das Buch ist auch nicht schlecht, aber eigentlich sagt der Titel über den Inhalt schon alles Wesentliche.

gerade auf mich nicht zu, der belügt sich selbst. Das merken wir spätestens, wenn ein Freund, eine Freundin oder ein Verwandter eine Krankheit bekommt, die wir nicht gerne hätten. Wollen wir dann mit ihm tauschen? Sicher nicht: Wenn ich ehrlich zu mir selbst bin, sagen mir meine Gefühle und Gedanken: Gut, dass es Dich, und nicht mich erwischt hat! Und wir planen, wie wir noch mehr für unsere Gesundheit vorsorgen können.

Oder ein weniger schwerwiegendes Beispiel: Wenn ich in einer Konferenzrunde sitze und sich ein sehr kluger und weiterführender Gedanke in meinem Kopf entwickelt und just in diesem Moment sich eine Kollegin oder ein Kollege meldet und genau diesen Gedanken äußert, allerdings leider etwas ungelenk und lange nicht so gut, wie ich ihn vorgebracht hätte: Freuen wir uns dann mit dem oder der Anderen darüber? Wieder nein, wenn ich mich nicht belüge: Die erste Reaktion in einer solchen Situation ist Ärger. Darüber, dass ich nicht selbst mit dem weiterführenden Gedanken glänzen durfte, und vielleicht auch darüber, dass der oder die Andere mit seiner Darstellung dem wunderbaren Gedanken gar nicht richtig gerecht geworden ist. Ich selbst hätte das viel besser gemacht!

Ich selbst? Wer ist denn das eigentlich?

Bin ich reduziert auf diesen Körper, auf die psychische Entität, die ich als in diesem Körper wohnend empfinde? Oder ist das bei näherer Betrachtung ein ganz unvollständiges Bild?

Wenn ich das erst einmal zumindest für möglich

halte, stellen sich ganz überraschende weitere Fragen: Warum hat denn der Kollege oder die Kollegin denselben Gedanken wie ich in fast derselben Sekunde gehabt? Warum berührt mich die Krankheit eines Freundes oder einer Freundin so tief, dass ich mitleide? Warum treffen mich Schicksalsschläge meiner Kinder oder meiner Partnerin wie mich selbst? Wo sind denn eigentlich meine Gefühle, meine Trauer oder meine Freude – in dem Menschen, den ich im Spiegel sehe oder bei den Menschen, mit denen ich mitleide oder mich mitfreue? Zu wie viel Prozent bestehe ich aus meinen Genen und aus dem, was ich erkannt, erfühlt und erarbeitet habe, und zu wie viel Prozent aus dem, was ich von anderen Menschen übernommen habe? Mit welchem Recht schließe ich meine Eltern, meine Lehrerinnen und Lehrer, aber auch alle diejenigen Menschen, von denen ich vielleicht nach einer einmaligen Begegnung eine entscheidende Fähigkeit adaptiert habe, von der Entität aus, die ich Individualität oder Ich nenne?

Der Perspektivenwechsel, der sich aus diesen Fragen ergibt, ist wie ein zweites Erwachen: Irgendwann – meist etwa im dritten Lebensjahr – beginnt ein Kind, „Ich" zu sich zu sagen und damit eine deutliche Grenze zwischen sich selbst und die anderen Menschen (z. B. Eltern) zu setzen. Diese von mir als Kind gesetzte Grenze bestimmt fortan meine Vorstellung davon, was meine Individualität nicht ist: nämlich alles auf der anderen Seite der Grenze: die anderen Menschen, die Tiere, die ganze Natur, die Erde, aber auch – je nachdem woran ich glaube – Gott, der Teufel, die Engel. Und nun vollzieht sich der Perspektivenwechsel: Ich bemerke, dass diese von mir als Kind gesetzte und seitdem vorgestellte Grenze gar nicht wirklich existiert: In meinen Kindern lebt viel von meiner Individualität, was ich selbst nie ausgelebt habe oder ausleben konnte; in meiner Partnerin finde ich – wie der Volksmund sagt – meine „bessere Hälfte": Lebenspartner ergänzen sich gegenseitig oft frappierend, besonders, wenn sie lange zusammenleben. Dagegen spricht nicht, dass Partnerschaften auseinandergehen können: selbst im gegenseitigen Hass verbindet Ehepaare oder sonstige Partnerschaften noch Vieles. Was mir verlorengeht, bemerke ich erst nach einer Trennung: ein Stück meines Ichs geht mit dem Partner verloren, beim Tod ebenso wie bei einer Scheidung.

Und weiter: In dem Berufskollegen entdecke ich plötzlich – wie in einem Spiegel – auch mich selbst; sogar beim Zusammentreffen mit mir bisher unbekannten Menschen habe ich Erkenntnisse über mich selbst, die ich sonst nicht gehabt hätte. Diese neue Perspektive ist nicht einmal nur auf Menschen beschränkt: auch im Haushund oder in der Hauskatze kann ich mein eigenes Verhalten gespiegelt bekommen. Aber bleiben wir erst einmal beim Menschen.

Mit dieser neuen Perspektive kann ich mich ganz anders in soziale Gemeinschaften einbringen als vorher mit der vorgestellten Grenze zwischen meinem Ich und der Welt:

- In einer Partnerschaft entdecke ich dadurch das Anderssein des Partners oder der Partnerin und freue mich daran, weil es meine Einseitigkeit ergänzt. Vorher habe ich mich darüber geärgert, was er oder sie nach meinen Maßstäben nicht richtigmachte, jetzt freue ich mich darüber, täglich neue Anregungen zu bekommen.
- In einem Arbeitsteam oder einem Kollegium bemerke ich, dass alle Kolleginnen und Kollegen, und zwar unabhängig davon, ob ich sie mag oder nicht, mit mir zusammen eine Qualität bilden, die es mir erst wirklich ermöglicht, mich in meiner Arbeitstätigkeit zu entfalten und weiterzuentwickeln. Jede Kollegin und jeder Kollege ergänzt mich. Und das ermöglicht es mir, dankbar dafür zu sein, wenn jemand aus der Gemeinschaft eine andere Meinung vertritt als ich oder eine Aufgabe anders angeht als ich das tun würde. Denn dadurch sehe ich Teile der Wirklichkeit, die ich sonst nie gesehen hätte.
- Wenn ich diese Perspektive erst einmal im privaten Bereich geübt und dadurch mein erweitertes Ich kennengelernt habe, kann ich sie auch erweitern auf Kunden, Schüler:innen und Eltern, auf Nachbarn, auf die Bewohner:innen meiner Stadt, auf Flüchtlinge, auf die Natur, auf meinen Planeten Erde.

Den Perspektivenwechsel kann ich üben. Einige Beispiele:

- Ich kann trainieren, meine **Gefühle und die Gefühle anderer Menschen wahrzunehmen** und – was noch wichtiger ist – sie mir bewusstmachen. Das verschafft mir mehr und mehr die Möglichkeit, von mir und von dem Anderen mehr als die Außenseite (den Spiegel) wahrzunehmen.
- Ich kann **Rückblicke** üben – täglich, jährlich, nach Abschnitten meines Lebens. Das macht mir deutlich, wie der Andere schicksalsmäßig mit mir verbunden ist.
- Ich kann üben, **Urteile, die sich bei Begegnungen und Erlebnissen einstellen, zurückzuhalten** und zunächst zu versuchen, nur wahrzunehmen, was und wer mir begegnet. Das befreit mich aus dem „Tunnel" meiner Urteils-Perspektive.
- Ich kann andere **wertschätzen.** Das öffnet die Herzen der anderen Menschen für das, was ich vorhabe, und befähigt sie, selbst Initiative und Verantwortung zu entfalten.

In der „Luther-Bibel" von 1545 übersetzt Martin Luther sowohl im Römerbrief als auch in der Geschichte vom barmherzigen Samariter die bekannte Aufforderung zur Nächstenliebe so: *Du sollst Deinen Nächsten lieben* ***als*** *Dich selbst*. In allen späteren Übersetzungen findet sich die harmlosere Form: *Du sollst Deinen Nächsten lieben* ***wie*** *Dich selbst.* Das ist ein entscheidender Unterschied.

Wenn ich einen anderen Menschen liebe wie mich selbst, bleibt das abstrakt: Ja, ich gestehe ihm zu, dass er gleiche Rechte hat wie ich und dass er mit mir auf Augenhöhe ist. Aber der andere ist und bleibt jenseits der Grenze meines Ichs, und ich bin innerhalb des Sperrbezirks meiner Individualität. Wenn ich den anderen Menschen dagegen liebe **als** mich selbst, dann ist er innerhalb dieses Bereichs meines Ichs. Dadurch bekommt die Gemeinschaft – genauer gesagt: jede und jeder Einzelne aus der Gemeinschaft – eine ganz andere Wertigkeit als zuvor. Wir sind nicht mehr Könige oder Königinnen, die gegenüber allen anderen eine unbeschränkte Freiheit für sich beanspruchen, sondern wir lernen, „Königskinder"[35] zu sein, die trotz aller Katastrophen in Natur und Gesellschaft nicht ertrinken, wenn wir zueinanderkommen wollen. Wir lernen, jeder von uns, den anderen als Teil des eigenen Ich zu lieben und wertzuschätzen. Das macht uns gemeinschaftsfähig. Und das wiederum ist „ansteckend" – eine wirklich positive Variante von Infektionsketten!

Kann man auf dieser Grundlage von einem Recht der Zukunft träumen? Und die Mediation? Was hat sie mit dem Verantwortungsrecht zu tun?

---

35 Diesen Ausdruck übernehme ich von Gerald Häfner aus seinem Beitrag *Wir armen Königskinder*, https://goetheanum.co/de/nachrichten/corona-soziale-herausforderungen-gerald-haefner

12.

Die Mediation als Methode der Konfliktlösung im Verantwortungsrecht – am Beispiel des Familienrechts[36]

Eine Gemeinschaft, in der wir zunächst im Kleinen eine nachhaltige Konfliktkultur im Sinne des Verantwortungsrechts üben können, ist die Ehe oder jede andere Form der Partnerschaft. Gelingt uns das, – was schwer genug ist – können wir möglicherweise auch in größeren Gemeinschaften verantwortlich handeln und Konflikte als Chancen ansehen und behandeln. Dementsprechend wird hier die Mediation am Beispiel des Familienrechts dargestellt.

Aber ist Familienrecht überhaupt Recht im herkömmlichen Sinne? So ein Recht, das dann gut und effektiv funktioniert, wenn Menschen und komplexe Lebenssachverhalte zu Abstraktionen reduziert werden, wenn der listige Gebrauchtwagenhändler zu „V“ und der ahnungslose Kunde zu „K“ und ihre Verhandlungen zu einem Kaufvertrag mit gegenseitigen Ansprüchen werden? Das Recht sorgt in solchen Fällen z. B. dafür, dass

36 Überarbeitung des Artikels *Die Anwaltsmediation im Familienrecht – eine sinnvolle Alternative*, FamFR 2010, Seite 198 ff.

Käufer K sein Geld zurückbekommt, wenn ihm von Verkäufer V arglistig ein mangelhaftes Fahrzeug verkauft worden ist. Dabei ist es rechtlich uninteressant, ob V beim Vertragsabschluss Halsschmerzen hatte oder K deprimiert war, weil seine Mutter zwei Tage zuvor ins Krankenhaus eingeliefert wurde. Entscheidend ist, ob ein Mangel vorlag und ob V diesen arglistig verschwiegen hat. Nur danach richten sich die Rechtsfolgen.

Ist die Ehe auch ein solcher gegenseitige Vertrag zwischen Frau (F) und Mann (M) mit Ansprüchen und Verpflichtungen? Wird das dementsprechend angewandte Familienrecht den komplexen Gefühls- und Willensbeziehungen der beteiligten Menschen in einer Ehe oder sonstigen Partnerschaft oder in einer Familie gerecht? Was passiert, wenn in der Partnerschaft „Mängel“ auftreten, wenn ein:e Partner:in den oder die andere arglistig betrügt, schlägt, ignoriert oder jegliche Zuwendung verweigert? Kann das auch mit den üblichen rechtlichen Verfahrensregeln und Instrumenten in Ordnung gebracht werden?

Nicht ohne Grund hat der Gesetzgeber in Deutschland im Jahr 1977 im Familienrecht das Schuldprinzip durch das Zerrüttungsprinzip ersetzt[37]. Während vorher schon ein einziger „ehelicher Fehltritt“ oder die beharrliche „Verweigerung ehelicher Pflichten“ dazu führen konnten, dass die Ehe geschieden wurde und der „schuldige“ Partner mit Unterhaltspflichten und Entzug des

37 Oben Kapitel 3

Sorgerechts für die Kinder bestraft wurde, war die „Schuld“ ab 1977 nicht mehr entscheidend für die Rechtsfolgen.[38] Aus heutiger Sicht mit dem Bewusstsein unserer Generation fragt man sich dazu eigentlich nur, warum das Schuldprinzip im Familienrecht überhaupt so lange gelten konnte.

Die Reform 1977 war aber nur ein Anfang. Denn viele Teile des Familienrechts funktionieren auch heute noch nach dem Prinzip des *do ut des*, dem römischrechtlichen Vertragskonstrukt von gegenseitigem Anspruch und gegenseitiger Schuld. Und ohne die Reduzierung des Lebens auf juristische Abstraktionen würde vermutlich soziales Chaos herrschen. Aber das ändert nichts daran, dass die rein juristische Bearbeitung „familienrechtlicher“ Angelegenheiten den betroffenen Menschen und ihren Gefühlen und Willensimpulsen in der Regel nicht mehr wirklich gerecht wird. Nehmen wir einmal einen ganz normalen familienrechtlichen „Fall“:

Die Eheleute Heinz und Hertha Haderer, beide 1970 geboren, sind seit 1993 miteinander verheiratet. Bei ihrer Hochzeit war Heinz Student der Medizin und Hertha angestellte Krankenschwester. Sein Examen absolvierte Heinz 1998 und wurde Facharzt für Radiologie, im Jahr 2009 dann Chefarzt in einer renommierten Privatklinik. Nebenbei ist er als Hochschullehrer und Gutachter tätig. Sein Jahreseinkommen insgesamt beträgt inzwischen ca.

38 Dörr, *Die Entwicklung des Ehe- und Scheidungsrechts seit dem 1. EheRG*, NJW 1989, 488, für zulässig erklärt durch BVerfGE 53, 224.

500 000 Euro vor Steuern. Er besitzt Wertpapiere und Fonds im Gesamtwert von etwa 1 500 000 Euro. Hertha bekam in schneller Folge drei Kinder: Hans 1998, Helene 1999 und Holger 2001, gab den Beruf auf und widmete sich ganz der Kindererziehung sowie der Pflege von Haus und Garten. Die Grundbesitzung hatten die Haderers 2003 erworben, wobei als Eigenkapital ein Barvermögen von rund 100 000 Euro diente, welches Hertha kurz vorher von ihrer Mutter geerbt hatte. Eigentümer der Immobilie, die einen Wert von ca. 700 000 Euro hat, sind die Eheleute je zur Hälfte; gegenüber der finanzierenden Bank haften sie als Gesamtschuldner das heißt jede:r in voller Höhe. Für Zins und Tilgung des noch mit etwa 70 000 Euro valutierenden Darlehens wenden sie monatlich 700 Euro auf. Im Jahr 2008, als alle Kinder eingeschult waren, gründete Hertha einen privaten Pflegedienst mit inzwischen drei angestellten Krankenschwestern. Auch sie selbst ist bei der GmbH, die Träger des Unternehmens ist und deren einzige Gesellschafterin sie ist, mit einem Monatsverdienst von 1750 Euro netto angestellt. Der Jahresabschluss 2009 weist noch einen Verlust von 10 000 Euro auf sowie Verbindlichkeiten von 50 000 Euro; jedoch kann bei gleichbleibender Umsatz- und Gewinnentwicklung schon im nächsten Jahr mit einem kleinen Gewinn gerechnet werden, und ein mit den Haderers befreundeter Wirtschaftsprüfer hat ihnen gegenüber kürzlich angedeutet, dass der Pflegedienst sicher schon einen ideellen und materiellen Wert von insgesamt etwa 70 000 Euro haben dürfte. Heinz ist seit 2001 nicht mehr sozialversicherungspflichtig. Als Altersversor-

gung hat er lediglich drei Lebensversicherungen abgeschlossen, die inzwischen zusammen einen Fortführungswert inklusive Gewinnerwartung von 165 000 Euro haben. Hertha hat einschließlich der Kindererziehungszeiten aus unselbständiger Tätigkeit eine Rentenanwartschaft von derzeit 600 Euro monatlich erworben. Die Kinder besuchen alle eine Privatschule; das Schulgeld dafür beträgt insgesamt 850 Euro monatlich. Die Harmonie dieser Bilderbuchfamilie wird nun leider dadurch gestört, dass Heinz sich in eine jüngere Krankenschwester seiner Klinik verliebt und seine Familie verlässt.

Der weitere Gang der Dinge ist mit einiger Sicherheit vorhersehbar: Vermutlich wird Heinz – liebevoll gedrängt von seinem jungen Glück – nach dem Trennungsjahr die Scheidung einreichen. Hertha wird – mehr oder weniger kompetent beraten von vielen Trennungsexperten unter ihren Freundinnen und Freunden – alle familienrechtlichen Register ziehen, die ihr zur Verfügung stehen. Beide werden das zuständige Amtsgericht mit vielen Prozessen beschäftigen und zwei oder mehr Anwälten oder Anwältinnen und vielleicht auch einigen Sachverständigen viel Arbeit, aber auch viel Honorar verschaffen. Für ihren „Fall“ werden bergeweise Akten produziert, Urteile geschrieben, Gutachten erstellt und Vergleiche ausgehandelt. Ihre gemeinsamen Freunde ziehen sich zurück, wenn sie nicht bereit sind, Partei zu ergreifen. Möglicherweise muss das Haus – mit Verlust – verkauft werden. Die Kinder leiden unter dem jahrelangen Streit der Eltern. Möglicherweise treten seelische oder körperliche Krankheiten bei den Kindern oder bei Heinz und Hertha selbst auf. Auf jeden Fall sind die beiden nachher – angesichts der komfortablen Ausgangslage – nicht gerade arm wie Kirchenmäuse, immerhin aber sehr viel ärmer als vor der verhängnisvollen Affäre von Heinz. Wobei es übrigens nicht überraschend wäre, wenn die betroffene junge Dame angesichts der veränderten Vermögenslage des familienrechtlich geschädigten Liebhabers das sinkende Schiff zu diesem Zeitpunkt schon wieder verlassen hätte …

Betrachten wir einmal etwas genauer, was in einem solchen Fall alles „familienrechtlich", also juristisch, erstritten werden kann:

Natürlich zunächst die **Scheidung** selbst. Ein einverständliches Scheidungsverfahren kann – wenn sich die Partner über die Folgeregelungen einig sind – sehr schnell, sehr friedlich und sehr kostengünstig über die Bühne gehen. Aber wenn es erst einmal richtig Streit zwischen den Parteien gibt, dann kann auch das Scheidungsverfahren zu einem langjährigen Alptraum werden.

Dann die **Unterhaltsfragen**: Meist unproblematisch und ohne viel Widerstand ist der getrenntlebende Vater zur Zahlung von Kindesunterhalt bereit. Aber in unserem Fall könnte es schon an dieser Stelle heftige Auseinandersetzungen darüber geben, welches Nettoeinkommen von Heinz der Berechnung des Kindesunterhalts zugrunde zu legen ist und ob das Schulgeld unterhaltsrechtlich überhaupt zu berücksichtigen ist. Und dann erst Trennungs- und Geschiedenenunterhalt: Muss Hertha den – noch nicht gewinnbringenden, aber zukunftsträchtigen – Pflegedienst aufgeben und eine Arbeit als Krankenschwester in einer Klinik annehmen? Vollzeit oder angesichts der Kinderbetreuung noch Teilzeit? Schon während der Trennungszeit oder erst nach der Scheidung? Wie lange und in welcher Höhe bekommt sie nachehelichen Aufstockungsunterhalt? Das ist eigentlich schon Stoff genug für mehrere Prozesse zum Oberlandesgericht (und eventuell wieder zurück zum Amtsgericht). Aber Heinz wäre nicht der erste gutverdienende Ehemann, der angesichts der auf ihn zukommenden Unterhaltsforderungen auf Gedanken käme wie: keine Lehraufträge oder Gutachten mehr annehmen, vielleicht überhaupt den ganzen Job mal „schmeißen" und als Hausmann tätig sein – vorausgesetzt, das junge Glück existiert noch und beschert ihm vielleicht sogar ein neues Kind. Wenn ihn nicht sein Anwalt rechtzeitig belehrt, dass das alles unterhaltsrechtlich Unfug wäre, könnten sich daraus wieder zahlreiche neue Prozesse ergeben.

Mit hohem Arbeits- und Kostenaufwand verbunden sind Streitigkeiten über den **Zugewinnausgleich**: Natürlich wird Hertha hier einen Anspruch auf Ausgleichszahlung wegen der Wertpapiere des Ehemannes geltend machen. Aber wie ist ihr eigener Zugewinn zu beziffern? Welchen Wert hat der Pflegedienst? Wie ist die Erbschaft zu behandeln, die Hertha gemacht und in das Haus gesteckt hat? Hat sie dadurch einen größeren Anspruch auf die Grundbesitzung als Heinz? Und auch im Zusammenhang mit dem Zugewinn könnten beide Partner „auf dumme Gedanken kommen", z. B. die Wertpapiere auf Mutter, Vater, Geschwister, Freund/innen zu übertragen (oft mit fatalen Folgen und unerwarteten Auseinandersetzungen mit den „Beschenkten"), oder z. B. den Pflegedienst aufzugeben, oder einen gewinnbringenden Hausverkauf zu boykottieren etc. In derartigen Auseinandersetzungen wächst die Bereitschaft beider Streitenden zu fast krimineller Energie ungemein.

Auch der **Versorgungsausgleich** dürfte zwischen Heinz und Hertha streitig werden. Denn so wie der „Fall" liegt, hätte möglicherweise der Chefarzt einen Ausgleichsanspruch gegen die Krankenschwester aus der gesetzlichen Rente. Das würde aber Hertha sicher nicht akzeptieren.

Vielleicht kann man davon ausgehen, dass Heinz und Hertha klug genug sind, den Streit nicht auch noch auf Fragen des **Hausrats** und der Zuteilung der **Ehewohnung** auszudehnen. Auch hier wäre Streitstoff für mehrere umfangreiche Akten vorhanden. Aber im Gegensatz zu Prozessen über Unterhalt und Zugewinn, die wenigstens noch einigermaßen „ordentliche" Streitwerte haben können, müssten bei Hausrats- oder Wohnungszuteilungsverfahren sogar die Anwält:innen damit rechnen, ein Zuschussgeschäft zu machen, weswegen sie ein gewisses Eigeninteresse daran haben, den Parteien insoweit von Prozessen abzuraten.

Bleibt zu hoffen, dass sich Heinz und Hertha zumindest nicht über **Sorgerecht** und/oder **Besuchsregelun-**

gen für ihre drei Kinder streiten. Denn das würde wieder jahrelange Prozesse inklusive Einholung kinderpsychologischer Gutachten und für die Kinder selbst einen unzumutbaren Leidensweg bedeuten.

Konflikte, wenn sie erst einmal ausgebrochen sind, haben es an sich, immer mehr zu eskalieren. Am eindrücklichsten dargestellt wird das bei Friedrich Glasl[39], der dazu eine neunstufige Eskalationsleiter beschreibt, die zunächst noch relativ harmlose Stufen hat wie z. B. „Verhärtung", „Polemik" und „Taten statt Worte", zum Schluss jedoch für beide Streitparteien in Katastrophen endet. Die letzten drei Stufen nennt Glasl „Begrenzte Vernichtungsschläge" (das wäre hier z. B. die Übertragung der Wertpapiere von Heinz auf Dritte), „Zersplitterung" und „Gemeinsam in den Abgrund" (Typisches Beispiel dafür wäre hier die Aufgabe des lukrativen Chefarztpostens, um die Ehefrau zu schädigen).

Es dürfte deutlich sein, dass gerade in familienrechtlichen Angelegenheiten die Betroffenen (und mehr noch die Kinder) unter solchen Eskalationen leiden, die sie aber selbst kaum vermeiden können, wenn der Streit erst einmal im Gange ist. Richter:innen und Anwält:innen (letztere oft entgegen ihren eigenen finanziellen Interessen) können in begrenztem Umfang deeskalierend wirken, aber die verfahrensrechtliche Struktur des Familienrechts ist nicht dazu geeignet, Konflikte wirklich zu

39 Glasl, *Konfliktmanagement*, 8.Aufl. Bern/Stuttgart/Wien 2004, 127/128

bewältigen, sondern nur dazu, Entscheidungen per Urteil, Beschluss oder Vergleich herbeizuführen. Diese Form der Konfliktlösung wird aber der beschriebenen Sonderstellung des Familienrechts im Rechtssystem nicht gerecht. Deswegen bietet es sich gerade für das Familienrecht an, nach einer Alternative zu suchen. Und das ist, wie in Kapitel 8 bereits angedeutet, die Mediation.

Ziel einer Mediation ist es, unter Anleitung eines Mediators oder einer Mediatorin eine Konfliktlösung zu finden, die von den Konfliktparteien selbst verantwortet wird und ausgewogen die Interessen beider Parteien berücksichtigt. Diese schaffen sich damit ihr eigenes, genau für sie passendes Recht und machen sich frei von den Vorgaben des geltenden Rechtssystems. Anders als in einem Gerichtsverfahren können so die wirklichen Interessen und Bedürfnisse der Beteiligten herausgearbeitet und zur Grundlage einer auf den jeweiligen Konflikt passgenau zugeschnittenen Lösung gemacht werden. Eine solche Lösung kann die jeweiligen Interessen der Parteien besser berücksichtigen als eine gerichtliche Entscheidung. Sie wird daher von den Parteien leichter akzeptiert und ist in der Regel nachhaltiger. Wichtigste Grundidee der Mediation ist die Eigenverantwortlichkeit der Konfliktparteien: Der Mediator/die Mediatorin ist verantwortlich für den Prozess, die Parteien sind verantwortlich für den Inhalt. Dahinter steht der Gedanke, dass die Beteiligten eines Konflikts selbst am besten wissen, wie dieser zu lösen ist, und lediglich hinsichtlich des Weges dorthin Unterstützung benötigen.

Der Ablauf einer Mediation erfolgt in fünf Phasen[40], die mit den nachstehenden Fragen charakterisiert werden können:

1. Wer nimmt teil? Wo und wann findet die Mediation statt? Was soll sie kosten?
2. Worum geht's bei dem Konflikt?
3. Worum geht's wirklich?
4. Wie lösen wir den Konflikt?
5. Was vereinbaren wir konkret?

Entscheidend ist dabei der Übergang von Phase 2 zu Phase 3. Wenn es gelingt, herauszubekommen, welche Bedürfnisse die Konfliktparteien haben, die sie nicht aussprechen, sondern hinter ihren Streitpositionen verstecken, dann ist der Weg frei für Lösungen, die bis dahin nicht möglich schienen. Das ist der Schritt von den Positionen zu den Interessen der Betroffenen. Positionen sind in der Regel unvereinbar, Interessen sind dagegen fast immer miteinander in Einklang zu bringen. Im Beispielsfall: Wenn Heinz die Grundbesitzung verkaufen will, Hertha das aber mit aller Macht zu verhindern sucht, dann sind diese Streitpositionen natürlich unvereinbar. Aber wenn in der Mediation zutage tritt, dass Hertha das Haus erhalten möchte, weil das Geld ihrer verstorbenen Mutter darin steckt, und dass Heinz die

40 Je nach Schule gibt es verschiedene Phasenmodelle, z. B. auch aufgeteilt in 6 oder 7 Phasen des Mediationsverfahrens. Üblich ist aber die Einteilung in 5 Phasen.

Vorstellung nicht ertragen kann, dass Hertha das Haus mit einem neuen Partner bewohnen könnte, dann können Mediator und Medianten beginnen, nach Lösungen zu suchen, die die Interessen beider Partner gleichermaßen berücksichtigen. In unserem Fall z. B. ein Verkauf der Grundbesitzung mit angemessener Abfindung des Erbes an Hertha.

Welche Instrumente hat der Mediator bzw. die Mediatorin zur Verfügung, die die Konfliktparteien dazu bringen können, ihre Interessen zu offenbaren und von ihren liebgewonnenen Positionen abzurücken? Das ist keine Zauberei, sondern schlichte Kommunikationskunst. Der Mediator bzw. die Mediatorin

- **hört aktiv zu**,
- **paraphrasiert**[41], was die Medianten wirklich gemeint haben könnten,
- **übersetzt** verletzende Aussagen oder Gemeinplätze **in Ich-Botschaften**,
- **fasst** immer wieder die Fortschritte der Verständigung **zusammen**.

Das sind die Instrumente, die jeder Mediator und jede Mediatorin nutzen. Dazu kommen dann die je individuellen Methoden und Instrumente, die erfahrene Mediator:innen im Laufe ihrer Tätigkeit – je nach Situation,

41 Paraphrasieren bedeutet: Der/die Mediator:in wiederholt die Aussagen der Medianten, aber so, dass versucht wird, sie für den/die jeweiligen Konfliktgegner verständlich und akzeptabel zu machen.

Charakter und Seelenlage der Mediant:innen – einsetzen: z. B. Visualisierungen, Rollen- und Perspektivenwechsel, Verlangsamung oder Beschleunigung der Kommunikation je nach Erfordernis[42] und vieles andere mehr.

Bei einer Mediation mit einem befreundeten Ehepaar, die ich in dessen Privatwohnung durchführte, unterhielten wir uns gerade über eine mögliche Auseinandersetzung der Vermögenswerte, als das Gespräch vollkommen eskalierte. Es ist ja erstaunlich, mit welcher Präzision sich Ehepartner gegenseitig „vergiftete" Pfeile zuschießen können und wie genau diese Pfeile treffen. Je erregter die Ehefrau wurde, desto „cooler" wurde der Ehemann: Er schrieb alles mit, was da an „Giftpfeilen" von seiner Frau kam, und er schrieb umso heftiger, je giftiger die Pfeile wurden.

In dieser Situation machte ich die Bemerkung, dass ich es nicht gut fände, dass er mitschreibe, worauf seine Ehefrau ihm seine Notizen entriss und mit ihnen auf dem Wohnzimmertisch ein Feuer entfachte. Wir hatten einige Mühe, das Feuer rechtzeitig zu löschen, bevor es auf das andere Mobiliar übergreifen konnte. Nun ja: auch ein Mediator lebt bisweilen gefährlich!

Das Feuer war aber gut, denn danach funktionierte die Mediation. Im übertragenen Sinne findet ein solcher Verbrennungsprozess bei jeder Auseinandersetzung statt. Der Gang durch ein emotionales „Feuer" muss oft

42 Dazu Krampen, *Mediationen mit größeren Gruppen*, Mitteilungsblatt der Arbeitsgemeinschaft Mediation, 2006, 12

stattgefunden haben, bevor sich zwei Menschen wirklich souverän begegnen und ihr eigenes Recht entwickeln können.

Eine Mediation besonderer Art ergab sich für mich in diesem Fall: Ein Ehepaar mit sieben Kindern. Die Kinder leben bei der Ehefrau, der Ehemann ist ausgezogen, hat eine neue Partnerin, und wohnt etwa drei Stunden Bahnfahrt entfernt. Nun hatte die älteste Tochter, 13 Jahre alt, eines Tages mit ihrem Vater vereinbart, dass sie gerne für eine Zeitlang zur Probe bei ihm leben möchte. Die Frau stimmte zu. Also ist die Tochter jetzt seit ca. zwei Wochen zur Probe beim Vater und die Ehepartner sitzen bei mir. Ich frage: „Haben wir außer Unterhalt und Zugewinn heute noch was zu besprechen?" „Ja", sagt die Ehefrau, „das mit den Kindern. Da müssen wir einiges besprechen. Ich bin nämlich nicht damit einverstanden, dass die Tochter beim Vater ist." „Ach", sage ich, „hatten Sie das nicht besprochen?" „Ja, schon! aber das bringt unser ganzes Familiengefüge durcheinander, was mir vorher nicht so klar gewesen ist. Sie glauben gar nicht was bei uns los ist. Die Tochter fehlt einfach, fehlt mir, und sie fehlt in unserer ganzen Familie."

Der Vater sagt: „Ja, aber mir fehlen die anderen Kinder doch auch!" Und dann gehen die Emotionen hoch. Beide Partner steigern sich in immer mehr gegenseitige Vorwürfe. Was kann man tun? Ich frage den Ehemann: „Verstehen Sie, dass ihrer Frau die Tochter fehlt?" Er antwortet: „Ja, aber ich …" Ich beeile mich, bevor er genug Luft geholt hat, die Ehefrau zu fragen: „Verstehen Sie, dass Ihrem Mann die Kinder fehlen, und dass er die Tochter bei sich haben möchte?" „Natürlich, aber ..."

Man muss als Mediator für solche Situationen Techniken bereit haben, um den beiden Streitparteien auf eine Weise, die jeweils individuell verträglich ist, einen Perspektivenwechsel zu ermöglichen. Wenn das gelingt, dann fangen beide Parteien an, sich in das hineinzuversetzen, was den Partner seelisch berührt. Es ist von der Ehefrau nicht einfach so daher gesagt, dass das gesamte Gefüge der Familie durcheinandergekommen ist, weil die Tochter weg ist, sondern es ist ja wirklich so. Auf der anderen Seite ist es natürlich für den Ehemann auch schrecklich, nur noch Besuchsvater zu sein und die Kinder nur noch am Wochenende zu sehen. Das Belastende beider Situationen gegenseitig zu sehen, ist einfach notwendig, bevor man zu vernünftigen Lösungen kommen kann. Denn erst, wenn ein solcher Perspektivenwechsel gelingt, tritt folgendes ein: Ich bleibe nicht mehr bei meinem (notwendigerweise beschränkten) Rechtsbewusstsein stehen, und der Streitpartner bleibt nicht mehr bei seinem (auch notwendigerweise) beschränkten Rechtsbewusstsein stehen, sondern wir entwickeln gemeinsam „unser" Rechtsbewusstsein. Auch das ist natürlich notwendigerweise beschränkt, aber es umfasst die Dimension des Wir, also zumindest der beiden Streitparteien – und schon ist ein neues Recht entstanden, mit dem zwei Menschen zumindest eine Zeitlang leben können. Hier wird ein Anfang gemacht, Verantwortungsrecht zu gestalten und zu leben.

Und wenn das nicht gelingt? Dann greift das Gesetz:

Vor vielen Jahren hatte ich eine Ehefrau zu vertreten, die geschieden werden wollte, deren Ehemann aber unbedingt die Ehe fortsetzen wollte. Beide waren Anthroposophen und erläuterten ihren jeweiligen Standpunkt im Scheidungstermin dem Amtsrichter. Das heißt: meine Mandantin erklärte ihm ausführlich, warum alles dafürspreche, dass ihr Karma mit dem Ehemann zu Ende sei und sie daher geschieden werden müsse. Und der Ehemann erläuterte genauso ausführlich und detailreich, warum das Karma mit seiner Ehefrau noch nicht zu Ende sei, sondern sie beide notwendigerweise auch den weiteren Lebensweg gemeinsam weitergehen müssten.

Der Amtsrichter hörte sich alles sehr geduldig an, fragte dann, seit wann die beiden getrennt lebten und entschied, nachdem beide übereinstimmend mitgeteilt hatten, dass schon mehr als ein Jahr seit der Trennung vergangen war, kurzerhand auf Scheidung der Ehe.

13.

Versöhnung der Erben und Boden bereiten für die Zusammenarbeit: Zwei Beispiele für Vereinbarungen mit den Werkzeugen des Verantwortungsrechts

I. Die Erbauseinandersetzung

Drei Geschwister, die sich untereinander und von ihrer Mutter (der Vater war schon verstorben) ungerecht behandelt fühlten, trafen nach einer Mediation folgende umfangreiche Vereinbarung zum zukünftigen vertrauensvollen Umgang miteinander:

> Wir möchten als Geschwister gerne durch die nachstehende Vereinbarung erreichen, dass untereinander volles gegenseitiges Vertrauen hergestellt wird und dass wir uns unsere gute geschwisterliche Verbundenheit erhalten, ohne dass das durch Geldprobleme oder ähnliches beeinträchtigt würde. Deswegen vereinbaren wir folgendes:
>
> 1. *Wir betrachten alles, was in der Vergangenheit an Zuwendungen etc. von Seiten unserer Eltern an uns drei erfolgt ist, als mit dieser Vereinbarung erledigt. Das betrifft sowohl Geldzuwendungen als auch Zuwendungen in anderen Wertgegenstän-*

den. Soweit wir uns in der Vergangenheit Vorwürfe diesbezüglich gemacht haben, betrachten wir diese als ausgeräumt. Unter die Vergangenheit machen wir hiermit gemeinsam einen dicken Strich.

2. *Unsere Eltern haben ein sogenanntes Berliner Testament gemacht mit Vereinbarung gegenseitiger Einsetzung als Vollerben und Einsetzung von uns dreien als Schlusserben zu gleichen Teilen. Dies bedeutet, dass wir uns darüber im Klaren sind, dass die Mutter zu Lebzeiten frei über das noch vorhandene Vermögen verfügen kann. Unser Vater ist im Jahr 1999 verstorben.*
3. *Unabhängig davon, dass die Mutter natürlich frei über ihr Vermögen verfügen kann, verabreden wir aber, dass wir uns darüber einig sind, dass alle Zuwendungen seitens der Mutter an uns in der Weise ausgeglichen sein sollen, dass wir jeder immer ein Drittel erhalten.*
4. *(betrifft Einzelheiten dazu)*
5. *(ebenso)*
6. *Der Ausgleich erfolgt dann immer in der Weise, dass der jeweils Beschenkte je ein Drittel unverzüglich an seine beiden anderen Geschwister auszahlt.*
7. *Unsere Mutter ist Eigentümerin des Hauses X-str. 16 in Y. Sie und wir gehen davon aus, dass vermutlich in wenigen Jahren ein Umzug unserer Mutter in ein Seniorenwohnheim erfolgt. Dann wird vermutlich das Haus verkauft werden müs-*

sen. Für den Fall, dass unsere Mutter dem zustimmt, würden wir ihr gerne dazu folgenden Vorschlag machen: Wir können uns vorstellen, dass der Erlös für den Hausverkauf auf ein Treuhandkonto auf den Namen der Mutter gezahlt wird und dass A. als Treuhänderin dieses Konto verwaltet. Das Konto soll selbstverständlich in allererster Linie ausschließlich dem Bedarf der Mutter dienen. Es soll insbesondere ein ausreichendes Polster für alle Notfälle sein. Und nur wenn von dem Erlös des Hausverkaufs beim Tod der Mutter noch etwas übrig sein sollte, dann wird das selbstverständlich zwischen uns zu je einem Drittel geteilt.

8. *(betrifft Einzelheiten der treuhänderischen Verwaltung)*
9. *(ebenso)*
10. *(Ersatzregelung falls Mutter nicht einverstanden sein sollte)*
11. *Im März 2011 wird eine Lebensversicherung unserer Mutter fällig und kommt zur Auszahlung. Davon wird zunächst eine Sterbeversicherung bezahlt und es wird eine Rücklage gebildet für den 80. Geburtstag der Mutter. Für den Fall, dass die Mutter von dem Rest, der dann noch von dem Lebensversicherungserlös übrig ist, A. zum Ausgleich für frühere ungerechte Verteilungen einen Betrag zur Verfügung stellen möchte, soll das von den obigen Vereinbarungen ausgenommen werde. Dies bedeutet, es soll insoweit kein Drittelausgleich erfolgen.*

12. *Wir gründen eine Art „Geschwisterfonds", also einen gemeinsamen Topf für gemeinsame Unternehmungen. Diesen Topf zu speisen ist für jeden von uns völlig freiwillig. Dazu wird ein Konto bei der Z-Bank eröffnet, das auf den Namen von I. eröffnet wird. I. informiert ihre beiden Geschwister regelmäßig durch Übersendung von Kopien der Kontoauszüge. Aus diesem Konto werden nach jeweiliger Verabredung gemeinsame Unternehmungen gezahlt wie Ausflüge, gemeinsames Essen etc.*
13. *(betrifft weitere Einzelheiten der Auseinandersetzung)*
14. *(ebenso)*
15. *Für die Zukunft verabreden wir, dass wir uns über sämtliche eventuell auftretenden Missverständnisse, Missstimmungen, Zweifel etc. untereinander sofort direkt verständigen werden. Wir möchten auf jeden Fall unser gutes geschwisterliches Verhältnis nicht gefährden.*
16. *(Einzelheiten dazu)*
17. *Selbstverständlich akzeptieren wir alle drei alles, was unsere Mutter hinsichtlich Verwendung des Geldes und hinsichtlich ihres Verhaltens zu uns entscheidet und tut. Wir verabreden aber untereinander, dass wir gerne dafür sorgen möchten, dass jeder von uns gleich behandelt wird und wir werden deswegen – wie oben im Einzelnen verabredet – untereinander für den Ausgleich sorgen.*
18. *Wir sind uns auch darüber einig, dass wir die Mut-*

ter über diese Vereinbarung informieren werden. Der Mutter soll auch eine Abschrift dieser Vereinbarung zukommen.

19. *Für den Fall, dass es trotz der vorstehenden Regelung zwischen uns zu weiteren Unstimmigkeiten oder Streitigkeiten kommen sollte, verabreden wir, dass wir diese Mediation fortsetzen wollen, bevor wir gegebenenfalls weitere Schritte unternehmen.*
20. *(Kostenregelung)*

(Datum, Unterschriften)

II. Der Konflikt zwischen Vorstand und Mitarbeiterschaft

In einer großen Einrichtung in freier Trägerschaft für Menschen mit Assistenzbedarf trat ein Konflikt auf zwischen Vorstand und Aufsichtsrat des Trägervereins auf der einen Seite und maßgeblichen Teilen der Mitarbeiterschaft auf der anderen Seite. Es ging vor allem um persönliche und Beziehungskonflikte, die aufgearbeitet werden mussten. Nach einer umfangreichen Mediation über mehrere Tage wurde eine sehr kurze, aber von allen als ausreichende neue Vertrauensgrundlage empfundene Vereinbarung wie folgt getroffen:

1. *Alle Beteiligten bedauern, dass sie mit dem Ton ihrer Briefe Verletzungen bei anderen Beteiligten bewirkt haben.*
2. *Alle Beteiligten werden in gemeinsamer Anstren-*

gung die zwischen ihnen bisher entstandenen „Gräben" überbrücken.

3. *Zu den gegenüber einem Mitglied des Mediationskreises in der Vergangenheit erhobenen Vorwürfen des Fehlverhaltens gegenüber einem Betreuten erklärt Herr L., dass nach seinen Untersuchungen sich diese Vorwürfe als nicht haltbar erwiesen hätten. Diesem Urteil schließt sich der Mediationskreis an.*
4. *Die künftige Zusammenarbeit zwischen Vorstand und Mitarbeiterkonferenz wird mit der sich nach der Sommerpause neu konstituierenden Mitarbeiterkonferenz verabredet. Zur ersten Sitzung nach der Sommerpause lädt der bisherige Vorbereitungskreis ein. Er stimmt seinen Einladungsbrief mit dem Vorstand ab.*
5. *Der Vorstand fasst seinen Beschluss zur Einsetzung der neuen Delegation für Qualitätsentwicklung nach einer Beratung in der Mitarbeiterkonferenz.*
6. *Der Vorstand erarbeitet einen Plan für die Aufgaben in den nächsten 1 bis 5 Jahren und stellt diesen in der Mitarbeiterschaft und in der Mitgliedschaft vor.*
7. *Herr T. sagt zu, die Kriterien des Aufsichtsrats für die Neueinstellung von Vorständen in der Mitarbeiterkonferenz vorzustellen.*

(Datum, Unterschriften)

Diese beiden Vereinbarungen, die lediglich anonymisiert worden sind, aber ansonsten reale Fälle abbilden, dürften deutlich machen, dass eine Rechtskultur der Verantwortung und des Vertrauens keine Utopie ist, sondern dass es allein an jedem von uns liegt, diese neue Rechtskultur zu verwirklichen. In beiden Fällen wurde zunächst die Vergangenheit aufgearbeitet und bewältigt und sodann für die Zukunft vereinbart, welche Bedingungen Verantwortung und Vertrauen aller Beteiligten herstellen sollen.

Es wird deutlich, dass viele Formulierungen Absichtserklärungen sind („Wir verabreden aber untereinander, dass wir gerne dafür sorgen möchten, dass jeder von uns gleichbehandelt wird und wir werden deswegen – wie oben im Einzelnen verabredet – untereinander für den Ausgleich sorgen"). Das ist kein Zufall, denn Absichtserklärungen binden den Erklärenden nicht im Sinne einer schuldrechtlichen Verpflichtung anderen gegenüber, sondern moralisch und eigenverantwortlich sich selbst gegenüber.

Es werden Ziele beschrieben („Wir möchten auf jeden Fall unser gutes geschwisterliches Verhältnis nicht gefährden"). Solche Ziele können als eine Art Leitbild-Funktion dienen, wenn einzelne Verabredungen auszulegen sind bzw. wenn die Verantwortung des einzelnen Beteiligten für sein Verhalten gefragt ist.

Und es fällt auch auf, dass Teile der Vereinbarungen durchaus noch schuldrechtlichen Charakter haben („Herr T. sagt zu, die Kriterien des Aufsichtsrats für die

Neueinstellung von Vorständen in der Mitarbeiterkonferenz vorzustellen"). Das macht deutlich, dass natürlich der Übergang vom Schuldrecht zum Verantwortungsrecht fließend ist. Wir brauchen auch als Bürger des 21. Jahrhunderts noch ein gerütteltes Maß an Rechtssicherheit, die wir nur durch klare Rechtsansprüche bekommen. Gerade in Vereinbarungen auf Basis einer Mediation sollten die Formulierungen klar und unmissverständlich sein. Sie dürfen Spielräume für verantwortliches Handeln der Vereinbarungsparteien enthalten, aber keine neuen „Sollbruchstellen" durch nachlässige Formulierungen. Zuviel Unsicherheit, die durch eigene Verantwortung auszugleichen ist, können wir heute noch nicht aushalten. Aber die Bereitschaft zur Übernahme von Verantwortung und zum Vertrauen wächst.

Auch in der Epoche des Verantwortungsrechts wird es Konflikte geben. Konflikte sind – wenn sie sinnvoll und nachhaltig angegangen werden – immer Entwicklungschancen. Das geeignete Übungsfeld für eine neue Rechtskultur, deren Bausteine Verantwortung und Vertrauen sind, ist deshalb die Mediation, deren Methode es ist, eine Konfliktlösung zu finden, die von den Konfliktparteien selbst verantwortet wird und ausgewogen die Interessen beider (aller) Parteien berücksichtigt. Diese schaffen sich damit ihr eigenes, genau für sie passendes Recht, das ohne Präzedenz nur für den jeweiligen konkreten Konflikt gilt, und machen sich frei von den Vorgaben des geltenden Rechtssystems. Anders als in einem Gerichtsverfahren können so die wirklichen Interessen und Bedürfnisse der Beteiligten herausgearbeitet und zur Grundlage einer auf den jeweiligen Konflikt passgenau zugeschnittenen Lösung gemacht werden. Wichtigste Grundidee der Mediation ist die Eigenverantwortlichkeit der Konfliktparteien: Der Mediator/die Mediatorin ist verantwortlich für den Prozess, die Parteien sind verantwortlich für den Inhalt. Dahinter steht der Gedanke, dass die Beteiligten eines Konflikts selbst am besten wissen, wie dieser zu lösen ist, und lediglich hinsichtlich des Weges dorthin Unterstützung benötigen. Übrigens ist eine der unabdingbaren Voraussetzungen für Mediation, dass alle Beteiligten sie freiwillig angehen. Nur so kann gewährleistet werden, dass nachhaltige und selbstverantwortete Lösungen gefunden werden.

Jede Mediation ist schon per Definition eine Ausübung von Verantwortungs- und Vertrauensrecht. Denn nichts und niemand, kein Gesetz, kein Urteil, kein Schlichter oder Mediator, keine Konvention oder Moral, geben den Konfliktbeteiligten vor, was sie vereinbaren oder wie sie ihren Konflikt lösen wollen. Natürlich gibt es Grenzen: Was als Lösung vereinbart wird, darf nicht gegen Grundrechte verstoßen, auch nicht gegen Gesetze, soweit sie nicht dispositiv[43] sind. Das sind die notwendigen „Leitplanken" des Schuldrechts, die verhindern, dass

43 Unter dispositivem (oder abdingbarem) Recht versteht man die Gesetze, deren Inhalt durch vertragliche Abreden auch abweichend vom Wortlaut des Gesetzes geregelt werden kann. Das Gegenteil davon sind unabdingbare (oder zwingende) gesetzliche Regelungen – bei diesen ist eine abweichende vertragliche Regelung nicht erlaubt und rechtlich nicht wirksam.

Verantwortungsrecht – wie bei Faust und Mephisto[44] – unverantwortlich wird.

In der Mediation entwickelt sich die neue Rechtskultur gewissermaßen in einem geschützten Biotop. Aber dass heute schon in einem solchen Rahmen ein Recht der Verantwortung und des Vertrauens gestaltet werden kann, deutet darauf hin, dass bald auch im allgemeinen Rechtsverkehr in unserer Gesellschaft ein Bewusstseinswandel möglich werden dürfte, der es uns erlaubt, mit Methoden des Verantwortungsrechts die bisher (mit dem Schuldrecht) nicht lösbaren Probleme anzugehen.

44 Oben Kapitel 9

14.

Ausblick

Immer stärker verbreiten sich Kriege, Gewalt und Terror in unserer Gesellschaft. Was nützt da – kann man fragen – eine neue Rechtskultur? Wir brauchen, wenn wir den Politikern glauben, mehr Sicherheit, also Aufrüstung, und schärfere Gesetze. Also das genaue Gegenteil von Vertrauen. Aber eigentlich müssten wir aus der Geschichte der Menschheit wissen, dass Gewalt Gegengewalt hervorruft, dass stärkere Sicherheitsvorkehrungen noch nie einen Terroristen abgeschreckt haben, sondern stattdessen ein allgemeines Klima der Angst hervorrufen, in dem der Terror genau die Beachtung findet, die er »braucht«, um sich zu verbreiten.

Jens Stoltenberg ist heute (2023) Generalsekretär der NATO und für die allseitigen Aufrüstungen zumindest mitverantwortlich. Als er noch Ministerpräsident von Norwegen war, sagte er im Jahr 2011 kurz nach dem Massaker von Utoya, bei dem 77 Menschen getötet worden waren:

Noch sind wir geschockt, aber wir werden unsere Werte nicht aufgeben. Unsere Antwort lautet: mehr Demokratie, mehr Offenheit, mehr Menschlichkeit. Humanität, Vielfalt, Solidarität und eine offene Gemeinschaft. Sie sind unsere stärkste Waffe und unsere stärkste Verteidigung gegen Gewalt und Terror.

Eine solche „offene Gemeinschaft", die dem Terror und der Gewalt standhält, bedarf auch einer neuen Rechtskultur, die auf Vertrauen und Verantwortung gebaut ist.

Vertrauen und Verantwortung sind keine „Selbstläufer". Vertrauen erfordert eine genaue Wahrnehmungsfähigkeit, sonst bleibt es „blindes Vertrauen". Außerdem ist Vertrauen die Kunst, jederzeit in Entwicklung zu sein und sich den Veränderungen der (natürlichen und menschlichen) Umwelt anpassen zu können. Denn Vertrauen ist kein Rechtsanspruch, sondern eine Erwartung an den Rechtspartner, und dieser entwickelt und verändert sich auch. Jeder Mensch befindet sich in einem sozialen Geschehen, welches eine eigene Kraft und Geschwindigkeit hat. Auch der Realität dieses Geschehens muss er vertrauen. Wenn er diese ignoriert, stellt er sich außerhalb der Wirklichkeit.

Verantwortung erfordert innere Freiheit und zugleich Achtung der Freiheit des Anderen. Verantwortung heißt, Macht über sich selbst zu haben und sich nicht von Stimmungen, Emotionen, liebgewordenen Gewohnheiten oder Trieben abhängig zu machen. Menschen, die in ausreichendem Maße Macht über sich selbst erworben haben, können auch äußere Macht und Verantwortung übernehmen. Sie haben die Fähigkeit, Verantwortung als Dienst am Anderen und der sozialen Gemeinschaft zu verstehen und zu leben. Sie erwerben auch mehr und mehr die Fähigkeit, Konflikte als Entwicklungschancen zu erleben und zu bewältigen. Macht in diesem Sinne ist Achtsamkeit und benötigt andere Werkzeuge als diejenige äußere Macht, die mit Gewalt regiert. In einem wunderschönen Bild der nordischen Mythologie sind das die Werkzeuge sanfter Macht, mit denen die Asen die Midgardschlange (die die inneren und äußeren Unfreiheiten des Menschen symbolisiert) gefesselt hielten:

Die Pracht der Morgenröte,
die Farben des Regenbogens,
der Silberglanz des Mondes,
der Gesang der Nachtigallen,
die Sanftheit der Katzenpfoten.

Als den Asen das Vertrauen in die Kraft dieser sanften Werkzeuge verloren ging, ersetzten sie diese durch starke eiserne Ketten. Diese jedoch konnte die Midgardschlange ohne Probleme sprengen. Die Götter wollten Sicherheit statt Verantwortung und Vertrauen. Aber Sicherheit vor der Midgardschlange gab es nicht. So wenig wie es heute Sicherheit vor Gewalt und Terror gibt.

Die zukünftige Gestaltung des Rechts und der Gesellschaft können wir weder Göttern noch Politikern überlassen. Wir werden uns daran gewöhnen müssen, dass es eine offene Gesellschaft nur gibt, wenn wir selbst Verantwortung übernehmen und gegenseitig Vertrauen entwickeln.

Weitere Titel aus dem Info3 Verlag

Eine Auswahl

Hans Bartosch

Der Baron, mein Großvater und ich

Biografische Meditationen

Mit einem Geleitwort von Gerd Biesgen und einem Nachwort von Sabine Petersen-Lossen

144 Seiten, Klappenbroschur,

€ 16,00

ISBN 978-3-95779-195-5

Harald Kiczka

Jimmy Carter und das andere Amerika

224 Seiten, Klappenbroschur,

€ 18,90

ISBN 978-3-95779-151-1

www.info3.de

Martina, Johannes F. und
Tobias Hartkemeyer
Dialogische Intelligenz
Aus dem Käfig des Gedachten in den Kosmos des gemeinsamen Denkens. Mit einem Vorwort von Gerald Hüther.
200 Seiten, Broschur, **€ 19,80**
ISBN 978-3-95779-033-0

Johannes, Martina,
Tobias Hartkemeyer
Sternstunden Dialogischer Intelligenz
Genie-Streiche, Irrgärten und Glücksmomente menschlicher Begegnung
264 Seiten, Klappenbroschur,
€ 19,90
ISBN 978-3-95779-155-9

www.info3.de

INFO3 VERLAG

Kirchgartenstr. 1, 60439 Frankfurt
Tel. 069-58 46 47
E-Mail: vertrieb@info3.de
www.info3.de